이승만은 어떻게
대한민국을 지켰나

이승만의
말

이승만의 말

발행일   2025년 6월 13일

지은이   김현선
펴낸이   손형국
펴낸곳   (주)북랩
편집인   선일영   편집   김현아, 배진용, 김다빈, 김부경
디자인   이현수, 김민하, 임진형, 안유경, 신혜림   제작   박기성, 구성우, 이창영, 배상진
마케팅   김회란, 박진관
출판등록   2004. 12. 1(제2012-000051호)
주소   서울특별시 금천구 가산디지털 1로 168, 우림라이온스밸리 B동 B111호, B113~115호
홈페이지   www.book.co.kr
전화번호   (02)2026-5777   팩스   (02)3159-9637

ISBN   979-11-7224-684-6 03910(종이책)   979-11-7224-685-3 05910(전자책)

(주)북랩 성공출판의 파트너

북랩 홈페이지와 패밀리 사이트에서 다양한 출판 솔루션을 만나 보세요!

홈페이지 book.co.kr   •   **블로그** blog.naver.com/essaybook   •   **출판문의** book@book.co.kr

작가 연락처 문의 ▶ ask.book.co.kr

작가 연락처는 개인정보이므로 북랩에서 알려드릴 수 없습니다.

이승만의
말

이승만은 어떻게
대한민국을 지켰나

김현선 지음

북랩

1953년, 밴 플리트 장군과 이승만 대통령

차례

•

삼중의 전쟁

1950년 6월 25일 새벽 4시.

소련의 중무기와 중국의 병력을 지원받은 북한이 스탈린의 승인을 받고 선전포고도 없이 기습적으로 한국을 침략했다. 그때 이승만은 나라를 세운 것에 이어 이제는 절체절명의 위기에서 나라를 지켜 내야 하는 대통령이었다.

그런데 전쟁 시작부터 휴전까지 3년간 그리고 정치회담까지 포함하면 전체 4년 동안 이승만이 치른 전쟁은 결코 단순하거나 쉬운 것이 아니었다.

6·25전쟁은 김일성이 모택동으로부터 수만 명의 조선족 부대를 지

원받아 공격을 개시한 것으로, 사실상 처음부터 북한과 중국의 연합군 성격의 침략이었다.

이승만의 앞에 놓인 것은 이들 연합 공산군과의 전면 전쟁뿐만이 아니었다. 전쟁 이전부터 한국에서 활동하던 좌익 반란부대(빨치산), 북한에서 남파한 유격부대 또 전쟁 중 퇴각하지 못한 북한군까지 합세한 수십만의 국가 전복을 노리는 게릴라부대와 국지 전쟁도 치러야 했다.

설상가상으로 이승만은 미국 유엔의 우방과도 끊임없이 정책상의 마찰을 겪었고, 따라서 그는 공산국가들과의 무력 전쟁에서 이겨야 하는 것과 동시에, 다른 한편으로는 어려운 국제정치 외교 전쟁에서도 승리해야 했다.

결국 대통령 이승만에게 6·25는, 외부의 공산국가들과 내부의 공산 유격대, 여기에 더해 한국을 지원하는 우방들과도 싸워야 했던 시간이었다. 즉 전면전과 국지전과 외교전 총 삼중의 전쟁이면서 또 정규전과 유격전이 혼합된 매우 복잡하고 힘겨운 전쟁이었다.

*

우선, 압도적으로 우세한 북한군의 공격을 막아 내는 것이 당면한 가장 중요한 전쟁이었으나, 소련으로부터 교육 훈련 및 무기 지원을 받고 몇 년간 치밀하게 전쟁 준비를 해 온 북한에 비교하여, 한국은 병력과 무기 모든 면에서 북한에 현저하게 뒤떨어져 단독으로 북한군 공격을 막아 낼 방위 능력이 없는 거의 무방비 상태였다.

이승만은 1948년 건국 직후부터 북한(소련)의 침략을 예상하는 발언을 공개적으로 했고, 이에 대비하려고 '우리 스스로 자주국방' 해야 한다는 생각으로 미국에 전투기, 탱크, 함정 등의 중화기 지원을 수없이 요청했다.

반면에 미국은 북한의 침략 징후를 인지하거나 그들의 공공연한 침략 선언을 접해도, "그들이 그런 일을 하지는 않을 것"이라며 안이하게 판세를 오판했다. 중국 장개석을 포기한 것처럼 한국을 포기할 준비를 하고 있었기 때문에 이승만의 무기 요구를 계속 묵살하고 있던 참이었다.

게다가 미국의 딘 애치슨 국무 장관은 1950년 1월, "미국의 극동 방어선은 일본에서 필리핀으로 그어진다."라고 하면서 한국을 제외한 일명 '애치슨 라인'을 발표했다.

그 후에도 애치슨은 한국이 공격을 받아도 미국이 대한민국을 방위할 '도의적 의무'가 없다고 반복하여 이야기했고, 미국 트루먼 대통령은 유사시에 한국을 방어해 준다는 약속을 해 주지 않은 채로 1949년 6월 모든 미군을 철수시켰다.

따라서 북한의 전면 공격에 맞닥뜨린 1950년 6월, 한국은 미국의 방위지역에서 제외된 고립무원의 가련한 외톨이 나라 신세였다. 그 순간 이승만은 어느 모로 보나 외부 침략에 맞서 스스로 자체 방위가 불가능한 최빈국의 신생 약소국가의 외로운 대통령이었다.

그럼에도 그는 중국과 북한의 연합 침략을 당한 순간 굴복하지 않고 즉각 항전을 명령했고, 전쟁 발발 후 24시간이 안 되어 맥아더 장군과 미국 본토에 지원을 요청했다.

그런데 그동안 이승만이 수없이 군사원조를 요청해도 소형 부품과 무기 외에는 지원하지 않던 트루먼은, 의외로 신속하게 한국 지원을 결정했다.

당시 미국은 어떤 합의된 조약이나 구두 약속도 없었으므로 한국을 지원할 의무가 없었는데도 불구하고, 막상 북한이 전면 침략해 오자 그동안 태도와는 달리 한국에 전투 병력을 파병한 것이다.

이로써 미국을 비롯한 유엔 16개국이 공산 침략에 맞서 싸우기 위해 한국에 전투 병력을 지원한, 유엔 역사상 최초이며 유일하게 직접 전투에 참전하는 세계 자유 수호 전쟁이 한반도에서 시작되었다.

*

곧이어 6월 29일, 극동 사령관인 더글러스 맥아더 장군이 전선 상황을 점검하기 위해 자신의 전용 비행기를 타고 수원 야전 활주로에 도착했다. 이미 서울은 함락되어 대전에 있던 이승만은 맥아더를 만나려고 앞날개 하나만 달린 경비행기를 타고 북한군의 요격을 피해 가며 위험을 무릅쓰고 수원으로 날아갔다.

그런데 일본에서 날아온 맥아더 장군과 이승만이 첫인사를 나누는 순간, 이승만이 꺼낸 첫마디는 파랗게 올라오는 벼를 밟지 말라는 것이었다,

"장군, 발밑을 조심하세요! 장군의 신발이 못자리를 짓밟고 있군요."

적의 침략을 당해 백척간두 위기에 처한 한국 대통령과 그런 나라를 지켜 주기 위해 일본에서 날아온 사령관이 처음 만나는 긴박한 장면이라고는 믿기지 않게, 이승만은 태연하게 엉뚱한 것에 주의를 주어 맥아더의 사과를 받은 것이다. 그의 이 첫마디는 이때부터 3년의 전쟁 기간 내내 미국과 유엔에 시종일관 당당하고 자신 있었던 그의 태도를 암시하는 한마디였다.

물론, 사선을 넘나드는 상황에서도 벼 한 포기의 생명도 소중하게 여기는 인간미, 적의 포화에도 머리카락 한 올 흔들리지 않는 담대함, 목숨이 위태로운 상황에서도 평정심을 잃지 않는 단단함과 안정감, 적의 추격을 간신히 피하고도 농담할 정도의 담력과 여유로움, 풍전

등화 국가 위기 상황에서도 농부가 키우는 식량을 걱정하는 애민 정신 등 이 말 한마디에서 유추할 수 있는 그의 개인적인 성정은 논외로 한다.

*

6·25는 미국 등 16개의 자유 진영 나라가 파병하여 한국을 지원한 전쟁이었으나, 이승만은 6·25는 어디까지나 '우리의 전쟁'임을 종종 강조했다.

그러므로 그 누구보다 한국인이 가장 앞서서 싸우고 끝까지 지켜내야 하는 전쟁이었던 것. 그 과정에서 그 누구보다 가장 고군분투한 사람은 아마 대통령 이승만이었을 것이다.

앞으로 이 책은, 이승만이 누란의 위기를 당하여 나라를 지키기 위해 얼마나 종횡무진 고군분투했는지를 보여 주는 그의 말과 행동 궤적을 사건별로 살펴보면서, 오로지 대통령 이승만의 시각으로 이승만이 겪은 6·25전쟁을 재구성해 볼 것이다. 우선 여기서는 두 개의 사례만 간략히 살펴보기로 한다.

먼저, 수백 차례의 전선 시찰이 대표적이다.

이승만은 전쟁이 발발한 직후부터 전방 부대 등으로 일선 시찰을 자주 다녔다. 전용 비행기가 있던 것도 아니고 시찰 다니는 곳이 반드시 안전한 지역도 아니어서 목숨이 위험한 상황이 많았다. 그러므로 영부인 프란체스카는 이 대통령이 시찰 나간 날이면 귀가할 때까지 늘 마음을 졸이며 기다렸다고 한다.

낮에는 동분서주 전장을 헤치고 다니고, 밤에는 때론 울기도 하면서 매일 기도했다.

"오, 하나님!
우리 아이들을 적의 무자비한 포탄 속에서 보호해 주시고 죽음의 고통을 덜어 주시옵소서.
총이 없는 아이들은 오직 나라를 지키겠다는 신념만으로 싸우고 있나이다. 당신의 아들들은 장하지만, 희생이 너무 큽니다.
나는 지금 당신의 기적을 기다리고 있습니다."

"오, 하나님!
이 늙은이에게 더 큰 능력을 허락하시어, 고통받는 내 민족을 올바로 이끌 수 있도록 큰 힘을 주소서!"

이승만과 2년 동안 1주일에 한 번꼴로 시찰에 동행한 밴 플리트 장군은 이승만을 "역사상 가장 위대한 정치인 중 한 명"이라고 극찬했다. 위의 수원 시찰 현장에 있었던 한 외국인 기자는 적군의 기관총이 퍼부어 대는 위급 상황에서도 평정심을 잃지 않는 이승만의 태도에 '깊은 존경심'을 표하였다.

이승만의 결사 항전의 투지를 엿볼 수 있는 또 다른 예는, 그가 임시정부를 제주도로 이전하지 않고 끝까지 대구와 부산의 육지에서 버틴 것이다.

전선이 후퇴할 때마다 각료와 미 대사가 정부를 제주도로 이전하라고 여러 차례 건의했다. 그러나 그는 그때마다 소지하고 다니던 권총을 꺼내 보이며, "절대 도망가지 않겠다."라고 말하고는 육지를 떠나지 않았다.

이승만은 피난을 가면서 권총을 항상 소지했는데, 밤에도 그것을 머리맡에 두고 잘 정도였다.

> "이 권총은 최후의 순간에 공산당 서너 놈을 쏘고, 우리를 천국으
> 로 데려다 줄 티켓이야."

이승만은 프란체스카에게 공산당에게 붙잡혀 능멸당하지 않고 천국으로 직행할 수단으로 권총을 소지한다고 말했다. 이후 최후의 방어선인 대구마저 함락 위기에 놓이며 마지막 생명선인 낙동강 방어선이 무너지기 직전. 그는 실제 그 권총으로 영부인과 자신의 최후를

각오하기도 했었다.

그런데 이승만이 불굴의 정신으로 나라를 지키려고 분투한 것은, 대통령으로서의 책무 이상으로 그가 평소 갖고 있던 자유에 대한 확고한 신념과 사상에서 비롯되었다고 보아야 할 것이다.

1917년 소련이 공산화가 된 직후, 이승만은 공산주의의 위선과 모순 독재와 학정을 간파했다. 1920년대부터 진즉에 그는 공산주의 체제의 독재와 전체주의 속성을 비판했다. 따라서 그의 결사 항전은 자유 민주 체제의 절대적 우위를 확신한 자유인으로서 발휘된 실천이었다.

그는 이제 겨우 일본 강점에서 해방된 한국인이 또다시 공산 학정의 노예 상태로 떨어지지 않도록, 한국인이 또다시 자유를 빼앗기지 않도록, 더위에도 추위에도 눈보라에도 빗줄기에도 아랑곳없이 포탄이 퍼붓는 전장을 누비고 또 누볐다.

*

그런데 그의 공산 체제에 대한 확고하고 굽히지 않는 신념은 국내적으로는 그의 전투력을 고양했지만, 국제적으로는 점차 미국 유엔의 우방과도 대립하고 갈등하는 독이 되기도 했다.

지금은 이승만의 공산주의 판단이 역사적으로 증명되어 당연한 상식으로 된 시대다. 하지만 1950년 당시만 해도 이승만의 강한 공산주의 비판은 오히려 보수적이라거나 반동적이라는 평을 들을 만큼 유럽과 아시아 등 세계에서 공산주의 물결이 강하게 휩쓸던 시기였다.

심지어 공산국가들은 자신들이 자유니, 민주니, 평화의 수호자인 것처럼 선전했고, 이승만을 전쟁광이니 극우니 하면서 적반하장으로 선동했지만, 우방도 별달리 응수하지 않았다.

더욱이 미국은 얼마 전까지 소련과 동맹 관계로 세계대전을 치렀고, 유럽과 한반도에서 위성국가를 들불처럼 세워 나가는 소련과 유화적 태도로, 혹은 그들 눈치를 보면서 국제 문제를 해결하려고 노력했다.

반면, 이승만은 당시 이미 공산주의 본질을 꿰뚫고 있었기 때문에 시종일관 강하고 확고하게 反공산주의자였고 反소련주의자였다. 공산당이 통치하는 나라는 국민이 자유와 민주주의를 누릴 수 없는 독재 사회라고 판단했기 때문에, 그는 공산주의를 '콜레라'라고 말하며 공산주의자들과는 어떤 타협도 항복도 하지 않았다.

이승만과 미국의 공산주의에 대한 신념과 판단의 차이는 전쟁 중에 크고 작은 정책상 차이를 낳았다. 게다가 미국과 유엔이 한국을 지키러 와 준 우방임에도 불구하고 이승만은 그들의 정책에 무조건 따르지 않았다.

도움을 받는 절대적으로 불리한 처지라고 해서, 최빈국 신생 약소국 대통령이라고 해서 그대로 순종하기는커녕, 오히려 미국과 유엔에 굽히지 않고 맞서고 대립했다. 그 결과 미국이 이승만을 제거하려고 했을 정도로 이승만과 미국의 갈등은 절정으로 치닫기도 했다.

이승만이 보기에 미국 정책은 오락가락했다. 그들을 유약한 겁쟁이라고 평하기도 했다. 당시 이승만은 미래 공산주의 체제의 위험성과 폐해까지 예견했고, 미국은 극동아시아 귀퉁이에 있는 아주 작은 별 볼 일 없는 나라의 전쟁을 종결하려는 데 급급했다.

"공산주의와 자유주의는 상극이다. 그들과 타협은 있을 수 없다."

"전쟁이 기왕 시작되어 한국이 전화에 짓밟힌 이상, 이북을 통일하는 것만이 한반도의 자유와 평화 그리고 세계 평화에 이바지하는 길이다."

이승만은 일관되게 '더 크고 무서운 전쟁과 침략'을 막기 위해 분단을 반대했다. 따라서 38선을 다시 원상 복구하여 휴전으로 전쟁을 끝내려는 미국 유엔과 갈등을 겪을 수밖에 없었다.

무려 16개국이 파병했고 의료 지원국까지 22개국이 전쟁에 직접 참전하여 한국을 지원했다. 그럼에도 소련에 대한 미국과 유엔의 유화 정책으로 인해, 어떤 면에서 이승만은 시종일관 외롭고 고독하게 복잡한 삼중의 전쟁에 맞서 싸워야 했다.

*

　자유 민주 통일을 해야만 공산주의 세력을 저지하고 세계 평화와 안전을 도모할 수 있다는 생각, 한반도 통일 말고는 다른 어떤 것도 전쟁의 목표가 될 수 없다고 믿었던 이승만. 그는 일관되게 공산주의와의 타협과 합작은 그들에게 굴복하는 것이라는 확고한 주장을 펴면서 항복을 거부했다.

　2차 세계대전 후에 세계가 미국과 소련을 필두로 하는 공산 진영 대 자유 사회로 재편되기 시작했으나 아직 냉전이 확고하게 굳어지기 전이었다. 미국은 여전히 소련과 유화적 관계를 취하며 세계대전을 경계했다. 또 대규모의 중공군 병력이 침략에 가세하여 미국이 전쟁에서 고전을 면치 못하자 한국전쟁에서 퇴각을 결정하고, 미국 공군의 도움 없이 단독 북진을 할 수 없던 이승만은 끝내 간절히 원한 한반도 통일의 기회를 얻지 못했다.

　그러나 전쟁 전후의 객관적 형편과 국제 관계로 보면 북한 중공의 연합 침략으로 한국은 쉽게 사라졌어도 이상하지 않았을 상황이었다. 그러므로 한국을 지켜 낸 것만으로도 이승만의 공로는 작지 않다.

그런데 더 빛나는 그의 업적은 전쟁에서 당장의 나라만 지킨 것이 아니라, 수십 년 뒤의 한국 미래까지도 수호했다는 점이다.

한민족 역사상 최대의 비극적인 전쟁을 치르고도 어느 쪽의 뚜렷한 승패 없이 38선이 복원된 채로 휴전했다. 하지만 대신에 포로를 석방하고 정전 협정서에 서명을 거부하면서까지 끝까지 분단을 반대한 결과. 아이젠하워 미국 대통령이 아시아 국가와 방위조약은 '매우, 매우 드문'일이라며 고개를 젓던 바로 그 일.

미국과의 상호방위조약을 끝내 성공시켰다.

> "이 조약으로 여러 세대에 걸쳐 혜택을 볼 것이고, 이 조약으로 미국
> 이 우리를 보호함으로써 우리의 국가 안보는 강화되고 번영할 것입
> 니다."

이승만의 예견대로, 실제 지난 역사를 되돌아보면 끊임없는 북한의 테러와 암살과 침략 위협 속에서도 한국이 전면 공격을 받아 사라지지 않고 나라가 존속되어 온 국가 방위의 근간은 바로 미국과의 방위조약이었다.

또 한국이 잿더미 속에서도 다시 일어서 세계 강국으로 발전하는 초석이 된 것 역시 막대한 경제 원조를 받은 한미 상호방위조약이었다.

이로써, 해방 당시에는 산업기반 시설, 경제력, 군사력이 남한보다

앞섰던 북한이 진즉에 가장 독재적이고 가장 못사는 전체주의 세습 국가의 나락으로 떨어진 것과 정반대로, 남한은 북한보다도 못살던 신생 최빈국에서 세계 5위에서 10위권의 국력과 풍요를 자랑하는 자유 민주국가로 성장했다.

이승만의 예상이 맞았다.

미국과 상호방위조약은 지금까지 80여 년을 이어오는 나라 안보의 기틀이 되었고, 따라서 이것은 아무리 강조해도 지나치지 않을 이승만의 탁월한 업적이다.

더군다나 우리 자신의 힘으로 싸운 것이 아니어서 주권이 극도로 제한되었던 전쟁의 와중에 미국을 움직여 이룬 성과로서, 그의 혜안과 먼 미래의 국가 안보까지 대비한 애국정신과 빼어난 정치 수완으로 이루어 낸 공이다.

이처럼 이승만은 북한 중국의 침략으로 소멸 위기에 처했던 나라를 지킨 것은 물론, 미국과의 극한 투쟁으로 끝내 상호방위조약을 체결시켜 먼 미래의 한국 안보까지 수호하는, 즉 현재와 미래의 한국까지 지켜 내는 불멸의 업적을 이루어 냈다.

*

그런데 불행하게도 이승만의 예측이 또 맞은 것이 있는데, 바로 그가 휴전을 반대한 이유다.

> "휴전 협정은 전쟁을 줄이는 것이 아니라, 오히려 더 큰 전쟁의 준비 행위이고, 더 많은 고난과 파괴를 불러오며, 전쟁과 내란에 의한 공산당의 더 많은 침략 행위의 서막이 되리라는 확신 때문에, 나는 휴전 협정 서명에 반대해 왔던 것입니다.
> 그러나 이제 휴전이 서명되었으니, 내 판단이 틀리기만을 기원할 뿐입니다."

전쟁 후 끊임없이 이어져 온 북한의 테러, 대통령 암살 시도, 간첩 침투, 폭동, 살인, 상시적 지령 하달, 한국 내정 공작 등 한국 사회를 끊임없이 혼란 붕괴시키려는 일련의 과정을 되돌아보면, 이 예견 또한 틀리지 않았다.

이승만은 '분단 상태에서 한국은 늘 불안과 불안정 상태에 놓이고, 한민족의 비극이 지속'될 것으로 판단했기 때문에, 끝까지 휴전을 막으려 애썼다.

지구상 유일한 분단국가로 게다가 아마 공산국가 중에서도 최악의 집단을 머리 위에 둔 한국은, 한 번도 온전하게 평화를 구가해 본 순간이 없었다.

분단 상태에서도 한국은 방위조약을 초석으로 놀라운 경제와 민주주의 발전을 이루었지만, 다른 한편에선 불안과 공포와 불안정한 상태에서 벗어난 날이 없었다.

둘 다 이승만이 예견했던 대로다.

더군다나 2025년 현재, 기적 같은 발전과 풍요의 이면에는, 자유와 번영을 구가하는 나라라고는 믿기지 않게 한국 사회 모든 분야가 좌익이니 공산주의니 하는 시대착오적 정신병적 사상으로 서서히 잠식된 현실이 있다. 예전처럼 외부의 무력 침략이 없이도 또다시 백척간두의 위기에 서 있는 형국이다.

여러 전문가가 진단하듯이, 이 모든 상황은 국내 내란 선동과 국가 전복을 목표로 하는 북한의 공산화 공작이 80년간 한 번도 중단되지 않고 끈질기고 집요하게 이어져 온 결과다.

이승만이 틀리길 바란 예측이 틀리지 않고 적중하여, 어쩌면 물리적 공격보다 더 크고 무서운 다양한 방식의 침략이 부지불식간에 상당히 진행되어 지금 자유 한국의 존망이 촌각을 다투는 지경이다.

비록 독립은 남의 힘으로 되었으나, 대한민국은 공짜로 세워지고 공짜로 지켜진 것이 아니다.

건국 과정과 6·25전쟁 중에 자유 민주국가 수립을 방해하고 전복하려는 공산주의자들에 의해서 살해된 민간인과 군경 공무원이 수십만 명이다.

그러나 폭동과 반란의 방해 공작을 막아 내고 심지어 미군정의 압박도 이겨 내면서 이승만은 한반도 남쪽에나마 끝내 자유 한국을 세웠고, 남의 도움을 받았으나 전면 침략을 당해서는 수십만 한국인의 피로 자유 한국을 지켜 냈다.

이 일련의 과정에서 대통령 이승만은 선지자적 통찰력과 국제 정세 판단력 그리고 불굴의 투쟁력으로 지금까지 이어지는 미래 수십 년의 한국 안보까지 후대 한국인에게 마련해 주고 떠났다.

*

그렇다면 건국으로부터 80년, 전쟁으로부터 75년이 지난 현재는 어떠한가.

합법적인 非무력의 방식으로 진행되는 장기전이고 진지전이기 때문에, 어떤 면에서 무력 전쟁 6·25보다 더 위험할 수 있는 절체절명의 위기에 처한 지금의 한국은 이대로 괜찮은가.

그때도 좌우 이념 대결이 심각했고, 지금 또다시 체제 전쟁이 격렬하다.

진즉에 폐기 처분되었어야 할 낡은 공산 전체주의 이념. 더군다나 세계에서 가장 억압적이고 파시스트적인 김씨 세습 왕국을 맹신하고 추종하는 사악한 좌익 공산주의자들.

그들은 예전 전쟁을 배후 조종하던 소련 스탈린이 자유니, 민주니, 평화니 들먹인 위선적 작태와 똑같이, 지금도 국민을 기만하고 호도하며 믿기지 않을 만큼 사회 곳곳에 파고들어 건전하고 건강한 공동체를 파괴하여 무질서와 혼돈 상황으로 유도하고 있다. 그것이 작금의 한국 현실이다.

그런데 그때는 이승만이 있었고, 지금은 이승만이 없다.

그때는 국내외의 갖은 비난을 들으면서도, 자유에 대한 확고한 신념과 자신감과 당당함으로 기어코 한국을 지켜 낸 지도자 이승만이 있었고, 지금은 그가 없다.

이 책은 누란의 위기에 처한 지금 한국 사정에서, 복잡하고 어려운 삼중의 전쟁에서 우리나라를, 그리고 우리나라의 미래까지도 지켜 낸 이승만의 결기와 철학이 절실히 필요하다는 판단에서 쓴 것이다.

그의 생각과 사상을 가장 잘 알 수 있는 것은 그가 한 말로서, 전쟁의 중요 사건별로 그의 말(대화, 편지, 일기, 기고, 인터뷰, 전문電文, 담화 등)을 분류하여 정리해 보았다.

이승만의 예측이 적중하여 21세기하고도 사반세기가 지나는 시점에 해묵은 공산주의 악령에 사로잡힌 망상가들에 의해 75년 전과 유사하게 또다시 국가 붕괴 위기에 놓인 지금.

이 대통령이 수십 년 앞을 예견한 사항이 한둘이 아니니, 현재 풍전등화 국가 상황을 타개하는 해법 또한 그의 말 속에서 찾을 수 있으리라 기대한다.

비록 지금 이승만은 없지만, 대신에 선견지명의 그가 남긴 말과 실천들은 있다.

분명 그의 말들이, 지금의 한국이 나아갈 방향을 차분하게 알려 주는 근본적이고 거시적인 철학과 사상이 되어 주고 길잡이가 되어 주리라고 믿는다.

이순신은 "아직 열두 척의 배가 있다."라고 말하고, 일본 침략군을 바다에서 대적하여 남쪽으로 물리쳤다.

이승만은 "자유인은 항복하지 않는다."라고 말하고, 압록강을 건넌 중공군과 북한 침략군을 38선 너머 북쪽으로 물리쳤다.

> "우리의 적군은 38선 국경을 따라 포진해 있고, 우리들 머리 위에는
> 파멸의 위협이 늘 도사리고 있다.
> 그러나 공산 전체주의를 신봉하는 자들이 이해할 수 없는 것이 있다.
> 자유인은 절대로 항복하지 않으며, 신념을 가진 사람은 두려워하지
> 않는다는 것이다.
> 우리 자유의 전사들은 하나님의 군대와 더불어 전진한다는 믿음으
> 로 무장하고 있다."

또 이승만은 자유와 민주의 두 별을 따라 걸어가면 전쟁으로 폐허가 된 나라도 다시 살릴 수 있다며, 전쟁의 와중에도 자유와 민주의 가치를 역설했다.

> "민주주의와 자유는, 우리가 자유 국가로 재생하는 길을 인도해 주는 두 개의 별입니다.
> 우리는 두 개의 별이 인도하는 길만 따라서, 끝까지 발을 디뎌 그 길을 걸어갈 것입니다."

백척간두에 놓인 나라를 구해 낼 사람은 이젠 한 명의 위대한 지도자가 아니라, 나라의 주권자요 주인인 한국 국민이다.

다행히 지금 우리 한국인에게는 자유 민주 체제로 나라를 세우고 지켜 낸 대통령의 말, '이승만의 말'이 있다.

그의 말과 정신을 나침반으로 삼아서 그 나침반이 가리키는 대로 끝까지 발을 디뎌 따라 걸어가면, 되돌이표처럼 그때와 똑같이 반복된 풍전등화 국가 위기를 이겨 내고 자유 민주 한국을 또다시 지켜 낼 수 있으리라 희망한다.

1950년. 유엔한국위원회 공개회의에 참석한 이 대통령, 대구.

제1장

•

남침

38선 상황

1950년 6월, 북한이 한국을 전면 공격해 오기 전부터 38선 부근에서는 크고 작은 전투가 이어져 오고 있었다.

1950년 미국의 한 연구소 자료에 따르면, 1948년 8월 정부 수립 이래로, 38선 전 지역에서 거의 매일 북한군이 10회 정도 공격을 했다. 1949년 9월에는 한 달 동안에만 무려 1천 회 이상 공격을 받은 기록이 있다.

특히 당시 38선 이남으로 한국 영토였던 서해의 옹진반도는 육지와 연결이 끊어진 섬처럼 되었고, 이곳에선 6천 명의 부대가 작은 전쟁을 치르고 있었다.

마찬가지로 한국 영토였던 개성은 북쪽으로 높은 산이 둘러싸여 있어 북한이 높은 고지에서 남쪽으로 공격하기 좋은 지리적인 형세였고, 실제로 거의 매일 북한군이 개성으로 포탄을 퍼부었다.

이승만의 정치 고문인 로버트 올리버가 1949년 개성을 방문했을 때, 개성의 한 상인은 그에게 "우리는 매일 두려움 속에서 잠자리에 들고, 항상 산을 바라보며 매일매일을 살아갑니다."라고 말했다.

당시 개성이 얼마나 불안하고 위험한 도시였는지 짐작할 수 있는 대목이다.

또 북한군은 남한을 위협하고 침략을 선전하는 전단을 매일 뿌렸다. 뿐만 아니라 개성으로 거의 매일 박격포를 발사하고 섬처럼 되어버린 옹진반도를 공격하는 등 38선 부근에서 북한 침략의 정도가 점점 심해지고 있었다.

그런데 미국은 북한군의 38선 이남 공격을 무시했다. 오히려 이승만에게 38선을 넘어 공격하지 말라고 지시하면서, 이승만이 계속 요구하는 무기 지원을 거절했다.

1949년 6월. 미군이 완전히 철수하고 한국에 남은 470명의 군사고문단은 옹진반도를 방위하는 이승만을 비난하며 옹진반도를 북한에 넘겨주라고까지 요구했다. 공격은커녕 오히려 38선에서 매일같이 이어지는 북한군 공격에 맞서 제대로 방어조차 할 수 없도록 한국군을 극도로 통제했던 것이다.

미 군사고문단의 역할은 북한군의 침략을 예의주시하고 방어책을 강구하는 것이 아니라, 반대로 한국군이 38선 이북으로 공격할까 봐 촉각을 곤두세우며 감시하고 억제하는 것이었다고 해도 과언이 아니었다.

한국군 상황

1948년 건국 직후부터 38선 지역에서 지속적이고 집요한 북한군의 공격이 이어졌지만, 당시 한국군의 무장과 방위력은 처참한 수준이었다.

설상가상으로 건국 후 채 1년이 되지 않은 1949년 6월 말, 미군은 한국군이 무장할 수 있는 중무기를 전연 남겨 주지 않고 탱크, 전투기, 대포 등을 모두 싣고는 한국에서 완전히 떠났다.

이승만은 미국 트루먼 대통령에게 미군이 한국에서 철수하는 것은 좋으나, '만일 남한이 공격을 받는다면 미국이 방어해 주겠다'는 약속이라도 해 달라고 요청했지만, 트루먼은 응답하지 않았다.

연이은 무기 요청도, 방위 약속도, 미국으로부터 어떤 지원이 없는 고립무원의 상황. 1949년 이승만은 우리 스스로 방어할 수단인 중무기를 수없이 요청했지만, 아주 적은 수량의 소총만 지원받을 뿐이었다.

"우리는 스스로 방위할 수 있는 만큼의 무기를 신청했소. 적절한 경로를 통해서 수없이 요청했으나, 얻은 것은 아주 적은 수량이오.

38선 너머 북한 병사는 사정거리가 긴 소총으로 우리를 쏠 수 있소. 이런 소총을 못 가진 우리 경찰들은 적의 손아귀에 달려 있소.

사태를 악화시키지 않으려는 미군의 정책으로, 우리 군대는 38도선 부근에는 주둔조차 하지 못하게 되어 있소이다.

우리는 침략 전쟁을 먼저 시작할 의도가 없지만, 적어도 우리 자신을 스스로 지킬 권리만은 가지고 싶소. 하지만 지금까지 우리는 그렇지 못한 형편이오.

우리는 탱크, 화염 방사기나 다른 현대 무기를 요구했소이다.

그러나 미군은 언제나 '지금 오고 있는 중이오.'라든가, '탱크는 한국 땅에는 맞지 않소.'라는 딴소리만 할 뿐이오.

책임자로 남은 로버츠 장군은, 퇴역을 앞두고 사소한 일을 하지 않으려 하고 있소. 그의 생각은 3월 31일이나 6월 30일까지 미군을 철수하는 것이오.

우리는 한국이 '너무 작고 너무 늦은'또 하나의 실패담으로 될 것이 큰 걱정이오."

1949년 미군 철수를 전후로, 이승만은 공산 세력의 침략이 임박했다는 정보를 계속 받고 있었다. 따라서 미국인 정치 고문 로버트 올리버에게 다른 문제 중에서도 가장 급박하게 필요한 분야인 국방 문제에 대해서 걱정을 토로하고 대책을 고민하는 편지가 많았다.

"주한 미군은 이달 말까지 한국에서 떠나게 될 것이오. 우리 국방을 위해 우리가 가진 것이 무엇이오? 우리 육군은 소총도 가지고 있지 못하며, 경찰과 해군도 마찬가지요.
국방 장관이 실제 전투가 벌어지면 3일간을 지탱할 탄약밖에 없다고 보고하였소.
지금 무기를 충분히 공급받아 국방력을 키우는 것이, 경제부흥보다 더욱 절실하오. 우리의 국가 안전을 보장할 수 있을 때, 경제나 다른 것도 재건할 수 있는 것이오.
안전보장이 확보되지 못하면, 모든 것을 다 가진들 무슨 소용이 있겠소?"

"10만 병력의 우리 육군은 장비도 무장도 없소.
북한 공산군이 연일 행동으로 옮기겠다고 위협하는 그대로 전면 침공을 한다면, 우리는 스스로를 방어할 충분한 탄약조차 가지고 있지 못하오.
우리들의 형편은 거의 절망적이오. 저자들은 언제라도 밀고 내려오겠다고 위협을 하고 있소.
우리가 충분히 무장되고 장비를 갖출 때까지 공산군은 기다리지 않을 것이오. 그런데도 미국 사람들은 '공산당이 그렇게 하지는 않을 것이다, 공산군이 전면 침략은 하지 않을 것.'이라고 말하고 있소."

북한 침략의 정보를 입수하고 공산군의 공격을 충분히 예상하면서도, 국방 원조를 제공하지 않는 미국의 정책으로 한국군은 탄약조차 충분하지 못한 속수무책의 상태였다.

"우리의 비밀 보고서에 따르면, 북한 공산군은 추수가 시작되는 대로 전투기와 모든 것을 동원하여 남한으로 침공해 올 만반의 준비가 되어 있다고 하오.
우리는 무엇으로 이것을 막아야 하오?
우리 탄약이 2일간 또는 2개월간 지탱할 수 있다는 말은, 각 사단이 각개 전투로 싸운다면 두 달이 된다는 것이고 전체 사단이 한꺼번에 싸운다면 이틀밖에 못 쓴다는 뜻이란 것을 당신도 알고 있을 것이오.
소련 사람들이 밀고 내려온다면, 그것은 분명 국지적 공격이 아니라 전면 공격이 될 것이오.
38선에서 충돌 사건이 수적으로나 강도 면에서나 증대되고 있지만, 만일 우리가 38선 너머로 한 걸음만 더 들어가도, 미국인 군사고문단이 철수하겠다고 야단이오. 그들은 우리 땅을 찾으려고 우리가 북진이라도 할까 봐 두려운 것이오.

우리는 미국이 우리들의 전쟁에서 대신 싸워 주기를 바라지 않는

다는 점을 항상 강조해 왔소.

나는 그들의 단 한 목숨이라도 한국을 위해 한국에서 희생되기를

바라지 않는다는 점을 귀하는 알 것이오.

다만, 우리가 필요한 것은, 우리 자신이 싸우기 위한 무기요."

방위 문제에서 이 대통령의 한결같은 생각은, '외국이 우리 대신 싸워 주기를 바라지 않는 것'이었다. 대신에, 우리 스스로 나라를 지킬수 있는 권리를 갖고 싶었던 것인데, 미국은 한국이 자주국방을 하도록 지원하지 않았다. 되려 38선 이북으로 한 뼘이라도 공격할까 봐 한국군을 감시하고 제한하는 것에 신경을 집중했다.

그러나 점차 확실시되는 북한의 침략 징후들을 보면서 한국의 국방력을 강화해야 할 필요성이 점점 커졌고, 따라서 이승만은 미국에 전투기 탱크 함정을 계속하여 요청했다. 하지만, 남한의 군사력을 억제하려는 미국의 정책으로 소형 무기 외에는 원조를 받지 못하고 계속 거절당했다.

건국 후 전쟁 전까지 2년이 안 되는 기간 동안, 이승만은 첩보를 통해서 북한과 소련이 남한을 침략하리라고 예상했다. 반대로 미국은 '그들이 전면 침략은 하지 않을 것'이라고 오판하면서 한국의 방위력

은 진전되지 않고 있었다.

　더군다나 해군과 공군의 상황은 더욱더 열악했다. 그 이유는 미국의 정책이 군사원조 자금을 지상군에만 할당하고 해군과 공군에는 사용하지 못하도록 했기 때문이다.

　이에 대해서 이승만은, '미국은 북한군의 공격에 대항하여 남한이 방어하는 것을 바라지 않는 것이 틀림없다'고 불만을 드러내기도 했다.

　그는 올리버에게 보낸 서한에서 한국 해군과 공군에게 최소한의 방어 장비가 필요한 이유를 설명했는데, 그 이유가 절박하고 비참하다.

　북한이 개성을 점령할 목적으로 거의 매일 공격을 하고 있던 당시, 한국군은 전투기가 없어 군인들이 포탄을 직접 몸에 두르고 고지에 올라가 자살 공격을 한 일이 있었다.

　　"우리가 왜 빈약한 외환 자금으로, 3척의 해양 경비정을 사야 한다고 요구하는지 그 이유를 설명하겠소이다.

　　우리가 가장 힘써야 할 것은 공군과 해안 경비대요. 지금까지 우리는 서울과 부산을 비행하는 2대의 2인승 항공기를 구입했을 뿐이오.

　　미군이 작년(1949년)에 철수할 때, 나는 아무리 작아도 좋으니까 몇몇 북한 유격대 진지를 폭격할 수 있도록, 우리에게 비행기를 몇 대 달라고 주장했었소.

그 당시 공산군은 개성을 쉽게 포격할 수 있는 한 고지를 점령했었소. 그것을 막으려면 그들을 공격할 수 있도록 기관총이 달린 비행기 1대가 필요했소.

하지만 우리는 기관총이 달린 비행기가 없기 때문에, 10명 내지 12명으로 구성된 특공대를 조직하여 폭탄을 몸에 묶고 그 고지에 올라가 공산군을 때려 부순 것이오.

그러나 당연히 우리 군인들도 목숨을 잃었소.

서울 운동장에서 이들 전사한 군인 미망인들이 참석한 가운데, 구슬픈 장례식이 거행되었소.

이것은 무방비에 대한 무서운 교훈이고, 국민에게는 크나큰 감명을 주었소.

이에 한국 정부는 공군을 무장하기로 결정하고, 총포와 탄약이 장치된 10대의 AT-6 항공기를 구입했소. 최초 3대가 도착했으나 여기에 부착될 무기와 탄약 때문에 곤란을 겪고 있소. 이 비행기들은 조종사 1명과 기관총수 1명만을 태울 수 있는 정찰기에 불과하오.

트루먼 대통령은 아시아에 책정된 7천5백만 불의 자금을 유보하고 있는데, 우리는 그 자금의 일부를 우리 공군과 해군 발전에 지원하기를 원하고 있소. 그러나 지금까지 아무런 성과도 없소.

북쪽의 적군이 우리가 동원할 수 있는 것보다 더 많은 무기와 더 많은 전투기와 더 많은 모든 물자를 가지고, 지금이라도 당장 남으로 밀고 내려올 수 있다는 것을 알면서도, 우리들은 그저 서울 이곳에 앉아만 있다는 것이 어떤 처지인지 귀하는 파악할 수 있을 것이오.

우리는 지금 대공포도 없고 하늘에 띄울 비행기도 심지어는 탄약조차 가지고 있지 않소.

지금의 군사원조 계획은 탄약과 부속품과 기계가 돌아가도록 유지하는 데 필요한 사소한 물건들만 제공해 줄 뿐이오. 사소하다고 말하는 것은 이것들이 아무것도 건조할 수 없는 작은 부품들에 지나지 않기 때문이오. 이 물건들은 매우 값비싼 것들이지만, 우리들의 하늘과 해안 방어에는 아무런 보탬이 되지 못하오.

아직 모스크바에서 남침하라는 청신호를 북한에 내리지 못하는 것은, 공산당과 타협하지 않겠다는 한국 국민의 결의와 공산당에 반대하는 나의 단호한 태도 때문이오.

이 자들은 만반의 준비 태세를 갖추고 있고, 우리들 것보다 더 긴 사정거리를 가진 총과 포를 가지고 있소. 한국이 공격을 받으면, 미국인 군사고문단들은 철수할 것을 소련이 알고 있음에도 불구하고, 이자들은 아직 그렇게 할 용의가 없소.

내가 지난 1948년 10월 도쿄에 갔을 때, 소련은 북한군에게 물자를 공급하고 있고, 중국에서 난리가 가라앉는 대로 즉시 남침하도록 압력을 가하고 있다고 성명에서 밝힌 바 있소.

전체적인 군사 문제를 요약하면, 우리가 막대한 육군이나 대규모 공군을 요구하는 것이 아니라, 육군 공군 해군을 창설해서 우리 국방에 적절한 만큼 각 병과의 병력을 두어 한국 국민뿐만 아니라 북쪽에도 심리적인 영향을 주게 하자는 것이오.

그러나 이 일의 성취는 미 국무부가 현재의 미국 방어선에서 한국을 포함하는 것으로 수정해야 한다는 것을 뜻하오. 참모총장은 이것을 지지하고 있으나, 국무부는 이렇게 되면 소련과 관계를 악화시킬 것이라고 해서 좋아하지 않소."

미국 방어선

일명 애치슨 라인으로 불린 미국 방어선이란, 1950년 1월 12일 미국 국무 장관 딘 애치슨이 "미국의 방어선은 일본에서 오키나와를 지나 필리핀으로 이어진다."라고 연설한 미국의 극동 방위지역을 말하는데, 이 미국의 극동 방위선에서 한국과 대만은 제외되었다.

애치슨은 그 뒤 하원에 출석해서도, "한국이 공격을 받게 되어도, 미국은 대한민국을 방어할 도의적 의무도 어떠한 언약도 없다."라고 반복해서 말했다.

미국은 한국을 전략적으로 이득이 없는 곳이라고 판단했고, 어떠한 군사적인 방위 보장을 약속하지 않은 채 방위선에서 제외했다. 어느 모로 보나 당시 미국은 중국 장개석을 포기한 것처럼 한국을 포기할 준비를 하고 있던 상황이었다.

1949년, 미군은 한국에서 완전히 철수하면서 한국에 군사고문단을 설치하여 놓고 떠났다.

하지만, 사실 미국 군사고문단의 임무는 한국군의 군사력을 발전시키는 것이 아니라 한국군을 감시하고 통제하는 데 집중했다. 일례로 한국은 전투기는커녕 정찰기도 6대 이상은 더 허용되지 않았다. 탱크 기갑 차량의 중화기도 허용되지 않았고, 포병은 가벼운 바주카포만 있었다.

또, 군사고문단은 한국군으로 하여금 북한군의 동태를 단지 감시만 하도록 했고, 그들의 공격에 적극적으로 방어조차 하지 못하도록 지시했다.

그들은 한국군이 38선 이북으로 월경하지 못하도록 했고, 북한의 공격에 대한 방어 공격조차 못하게 했고, 심지어 무장이나 훈련도 하지 못하도록 한국군을 극도로 통제하고 제약했다.

심지어 군사고문단은 이승만에게 서해의 옹진반도와 38선 부근의 산악 능선 지역이나 개성과 같이 북한의 공격 대상이 되는 모든 예민한 지역에서 한국 군인들을 철수시키라고 여러 번 권고하기도 했다.

이것은 북한이 뺏으려고 혈안이 되어 매일 공격하는 38선 부근의 한국 영토를 아예 북한에 넘겨주라는 뜻이나 다름없었다. 군사고문단은 38선에서 분쟁을 없애고 무력 충돌을 피하는 것에만 주안점을 두고, 북한이 노리는 한국 영토를 일방적으로 양보하라고 하는 터무니없고 수긍할 수 없는 지시와 제안을 내놓았다.

"육군 보고서에 따르면, 우리가 가진 탄약은 5일 이상 견디기 어렵다고 하오.

그러나 미국 당국은 우리가 5개월 정도 버틸 만큼 충분한 탄약을 갖고 있다고 주장했소. 그들은 터무니없이 우리가 다량의 무기와 탄약을 가지고 있는 것으로 생각하고 있소이다.

그 미국 사람들이 '공산당이 소규모로 가끔 공격해 오는데, 우리가 탄약을 낭비하지 않는다면 5개월은 끌 수가 있소.'라고 말했소.

한국군 장교들이 '만일 공산군이 전면 침략을 해 온다면, 우리는 어떻게 해야 하오?'물었더니, 미국 사람들 대답이 '그자들이 그렇게 전면전으로 내려오지 않으리라는 것을 우리는 알고 있소.'라고 말하는 것이오.

우리는 최악의 상태에 대비해야 하오.

남한 2천만 국민을 보호할 아무런 수단도 마련하지 않고는 가만히 앉아 있을 수가 없소.

미국 원조가 있든 없든 간에, 우리 국방에 대비하기 위하여 우리가 가진 모든 것을 다 바쳐야 할 것이오."

이승만은 북한군(소련)의 전면 공격을 예상하는 발표를 이미 1948년부터 해 왔고, 이에 대비하려고 수없이 미국에 무기 원조를 요구하며 노력했다.

하지만 미국의 무관심과 친공산주의적 태도로 인해서 국방력을 발전시키지 못하자, 한국 지원을 삼가고 제한하는 미국에 대한 불만과 원망이 높아져 갔다. 더구나 한국보다 더 많은 원조를 하는 일본과 비교가 되어서 더욱 그러했고, 그만큼 한국 방위력에 대한 걱정과 고뇌도 쌓여 가고 있었다.

미국의 군사원조는 탄약과 부품에 국한되는 제한적인 원조였기 때문에, 이승만이 원하던 대로 남의 도움이 아니라 우리 스스로 나라를 지키고 싸우려면 꼭 필요한 중화기를 원조받지 못하고 거의 무방비 상태인 채로 남겨졌다.

그런데 이러한 남한의 사정과 달리, 당시 북한의 국방 사정은 정반대였다.

북한군 상황

미국이 한국에 취한 정책과는 정반대로, 1945년부터 북한을 위성 국가로 세운 소련은 북한군을 교육 훈련하고 무기를 전폭적으로 지 원했다. 북한은 한국을 전면 공격하기 몇 년 전부터 철저하게 전쟁 준비를 했는데, 그것은 북한군의 창설부터 침략 승인까지 모든 것을 지원하고 지시한 소련을 등에 업고 있었기에 가능한 것이었다.

김일성(본명 김성주)이 소련 모스크바를 방문하여 스탈린으로부터 남 침 허락을 받은 것은 1950년 4월 10일. 이후 스탈린은 김성주에게 한 국 침략을 위한 구체적인 작전 계획을 지시했고, 전투기 탱크 등의 중무기를 대량으로 지원했다.

1949년부터 스탈린은 170대의 야크 전투기와 공격용 폭격기, 100대 의 소련제 T-34 탱크, 기관단총, 중형 전차 등 중무장 무기와 항공기 들 그리고 군사고문단을 집중적으로 북한에 보냈다.

그 결과 1950년 한국 침략 당시 북한에 배치된 소련인 고문관은 3500명이었는데, 이 숫자는 남한에 있던 미 군사고문단 470명보다 7 배 많은 것이었다.

(그런데 이후, 당시 스탈린이 북한에 무기를 제공하는 대신에, 북한으로부터는 금 9천 kg, 은 4만kg, 우라늄, 희토류 1천5백만kg을 국제 시장가보다 훨씬 낮은 가격으로 가져 갔다는 문서가 공개되었다. 따라서 소련이 북한에 인력 무기를 지원한 것은 결국 북한의 자원을 탈취하는 대가였던 셈이다.)

따라서 김성주가 단 며칠이면 한국 전체를 점령할 것이라고 자신만 만했던 것도 당시 남북한 상황과 국제 형세로 보아 전연 허무맹랑한 허세만은 아니었다.

 게다가 당시 남한의 남로당은, 실제 전쟁이 발발하고 보니 예상이 빗나갔으나, 북한군이 한국에 내려오기만 하면 대다수 국민이 환영하여 전쟁은 쉽게 승리할 것이라고 북한에 보고했다.

 유럽에 이어 극동아시아에선 유일하게 해방 직후부터 일사불란하게 소련 위성국가로 세워진 북한. 그리고 소련의 지명으로 역시 일사불란하게 북한의 지도자가 된 소련 군인 신분이었던 김성주는, 공격 개시 전에 스탈린의 침략 승인을 중국 모택동에게 알렸다.

 1950년 5월, 김일성은 중국 모택동을 만나 남침 계획을 밝히며, 수일 내에 남한을 점령할 것이라고 장담했다.

 중국 모택동은 앞서 1950년 2월 모스크바를 방문했었고, 귀국하자마자 1만 2천 명의 한국계 중국인(조선족) 병력을 북한으로 보내 지원했다. 이보다 앞서 1949년부터도 조선족 군대 3만 이상을 북한으로 보내, 1950년 봄에는 북한군 병력이 크게 증대되었다.

 다른 한편, 북한 김성주는 전쟁 전부터 한국 침략 계획을 숨기지 않고 노골적으로 밝혔다.

 1949년 6월, 김성주는 공산 체제 북조선 인민공화국으로 한국을 통일하기 위해 한국의 총선거를 실시할 것이라고 발표했다. 10월에는 무력으로 한국을 통일시키겠다는 뜻을 공공연하게 밝혔고, 유엔을 비난하는 공식 메시지를 유엔 앞으로 보내는가 하면, 남한 내에 수만 명의 현역 유격대원을 무장 조직했다고 주장했다.

실제로, 당시 남한 내의 공산당은 건국 전부터 1946년 총파업, 1946년 대구 10월 폭동, 1948년 제주도 무장 폭동(4·3사건), 1948년 여수 순천 군인 반란 사건 등 연이은 무력 폭동과 반란을 일으키며 민간인을 해치고 사회질서를 붕괴시켜 나라를 혼란에 빠뜨렸다.

그중, 제주도의 남로당과 전라도에서 반란을 일으킨 남로당 군인들은 국군의 진압 작전에 쫓겨 한라산과 지리산 일대로 들어가 국군과 전투를 벌이고 있었을 정도로 국가 안보를 뒤흔들고 있었다.

여기에 더하여, 김성주 말대로 실제 북한은 무장 유격대원들을 남파하여 남한 내의 남로당원들과 합세하여 게릴라전을 펼치도록 명령했다.

1950년 전쟁 전부터 북한은 수백 명 단위의 유격대원들을 오대산, 태백산, 지리산 일대에 10여 차례 침투시켰다. 폭동 살인 테러 등으로 한국 사회를 혼란하게 하면서, 이승만 정부를 전복하여 한반도 전체를 공산화하려고 준비해 왔던 것이다.

그중, 제주도 4·3폭동의 주동자로서 북한으로 도주했다가 다시 유격부대를 이끌고 1949년 8월에 태백산으로 침투한 김달삼 부대나, 이어 9월에 침투한 강동정치학원의 이호제 부대가 대표적이다.

그럼에도 빨치산 게릴라들은 남한의 군경 진압 작전이 대체로 성공하여 전쟁 발발 전에는 더 이상 크게 위협적이지 않을 정도로 거의 진압된 상태였다.

그런데 북한의 전면 침략으로 인해서, 거의 전멸되었던 남한 내 공산 게릴라들이 퇴각하지 못한 북한 인민군과 합세하여 다시 세력이 커졌다. 이들은 6·25전쟁 기간 내내 한국 남부에서 살인과 약탈 방화 등 소요를 일으키며 무장 반란군으로 다시 기승을 부리게 된다.

1950년 6월, 소련과 중공의 지원으로 득의양양한 북한 김성주가 며칠 안에 남한을 점령할 것이라고 자신하면서 소련제 탱크를 앞세워 한국을 기습 침략하여 전면전을 개시했다. 그때, 이승만은 이처럼 북·중 연합군과 한국 안에서 발호하는 공산 반란군의 양면 합동 공격으로부터 나라를 지켜 내야 하는 어려운 처지였다.

당시 한국군의 자체 방위력은 소련제 중무기로 무장한 북한의 공격만을 막아 내기에도 누가 보나 불가능한 것으로 보이는 한심한 상태였다. 헌데 여기에 더하여 국내 무장 유격대의 반란까지 진압해야 하는 이중의 무력 침략에 맞닥뜨린 것이다.

그러나 그 순간, 전쟁 전부터 "자유인은 항복하지 않고 신념을 가진 자는 두려워하지 않는다."라고 공언했던 자신의 말 그대로, 이승만은 절체절명의 국가 위기 순간에 항복을 선택하지 않고 즉각 항전을 지시했다.

그리고 이후 전쟁을 통해 밝혀진 명백한 사실의 하나는, 비록 당시 한국군에게 북한과 같은 중무기는 없었으나 대신에 세계 최강의 방위력이 하나 있었다는 것이다. 그것은 바로 이 대통령의 평소 자유에 대한 확고부동한 신념이었다.

3년의 전쟁 기간 내내, 이승만은 대통령으로서 백척간두에 처한 나라를 지키기 위해 불굴의 정신으로 종횡무진 고군분투했다. 그의 항복을 모르는 일련의 행보는 자신의 말이 정녕 허언이 아니었음을, 자신의 평소 자유의 신념이 소련제 T-34탱크보다 더 폭발적이고 흔들리지 않는 바위보다 더 단단했음을 전 세계에 증명해 보였다.

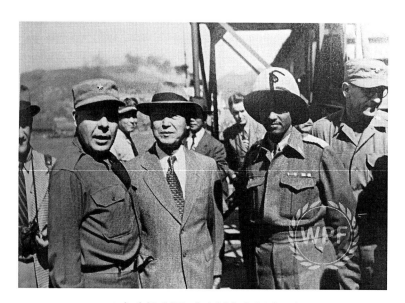

1951년. 에티오피아군 1차 파견단과 이 대통령, 부산.

제2장

•

피난

남침 대처

프란체스카가 기록한 경무대 일지에 따르면, 북한군이 전면 공격을 개시한 25일 새벽 4시로부터 5시간이 지난 오전 10시쯤, 신성모 국방부 장관은 경무대로 들어왔다.

오전 10시 30분, 신성모 장관은 이 대통령에게 북한군의 전면 침략을 보고하면서도 사태를 낙관하는 전망을 했다.

신성모: 각하, 보고드릴 게 있습니다. 오전 9시에 개성이 함락되었

고, 탱크를 앞세운 북한군이 춘천 가까이 도착했습니다.

이승만: 탱크를 막을 길이 없을 텐데….

신성모: 각하, 크게 걱정하실 것 없습니다.

이승만: …. (대통령의 얼굴에는 불안한 빛이 스쳤다)

신성모: (반복하여) 크게 걱정하실 것 없습니다.

북한군의 침략 보고를 받은 이승만은 긴급 국무회의를 열어 각료들에게 전쟁 준비를 지시했고, 경무대로 찾아온 존 무초 주한 미국 대사에게도, "우리는 돌멩이나 몽둥이라도 들고 싸울 것"이라는 항전 의지를 밝혔다.

그러나 국방부 장관 말과 달리 경찰 정보는 '상황이 심각하고 위급'하다는 내용이었고, '적군 힘이 강해서 위험'하다는 정보를 확인한 이승만은 내내 침통한 표정으로 잠을 못 자고 자정을 넘겼다.

25일 밤 자정을 넘겨 26일 새벽 3시경, 북한군 진격 속도가 심각하다는 보고를 받은 이승만은, 도쿄의 맥아더 사령관에게 전화를 걸었다.

그런데 부관이 잠든 장군을 깨울 수 없다고 대답하자, 이승만은 화를 벌컥 내면서 바로 협박성 말을 건넸다.

부관: 지금은 새벽 시간이라 잠드신 장군을 깨우기가 곤란합니다. 나중에 전화를 다시 걸겠습니다.

이승만: 좋소. 그렇다면 한국에 있는 미국인이 한 사람씩 죽어갈 테니, 장군을 계속 잘도 재우시오!

부관: 잠시, 기다리십시오.

이승만: 오늘 이 사태가 벌어진 것은 누구의 책임이오? 당신 나라에서 좀 더 관심과 성의를 가졌다면, 이런 지경까지는 오지 않았을 것 아니오? 적들이 침략해 올 것이라고, 내가 여러 차례 경고하지 않았습니까? 어서 빨리 한국을 구하시오!

맥아더: 각하, 무스탕 전투기 10대, 105㎜ 곡사포와 155㎜ 곡사포 각각 36문 그리고 바주카포를 즉시 지원하겠습니다.

이승만: 그렇다면, 조종사 10명을 일본에 보내, 단기 훈련을 받고 나서 무스탕을 몰고 오게 하겠소이다.

맥아더에게 강하게 항의하여 전투기와 대포를 긴급 지원하겠다는 약속을 받고 전화를 끊은 이승만은, 곧바로 미국 트루먼 대통령에게 지원을 요청하기 위해 장면 주미대사에게 전화했다.

이승만: 장 대사, 즉시 트루먼 대통령을 만나 이렇게 전하시오. 적이 지금 우리 문 앞에 와 있다고 말이오! 미 의회가 승인하고 트루먼 대통령이 결재한 1천만 달러 무기 지원은 어떻게 된 것이오?

장면: 예, 알겠습니다.

미국 맥아더와 트루먼에게 지원을 요청한 이승만은, '비행기가 없으니, 탱크를 막을 수가 있나'라고 걱정하면서 뒷짐을 지고 안절부절못하고 방 안을 맴돌았다.

26일 오후에는 육군본부와 치안국 상황실을 직접 방문했고, 여기서 의정부의 2개 방어선이 북한군 탱크를 막지 못해 모두 뚫렸다는 전선 상황을 보고 받았다.

경무대로 돌아오는 길에는 이미 서울 상공에 적군의 야크 전투기가 출현하여 맴돌고 있었고, 이 대통령 일행은 전투기가 뜰 때마다 방공호로 들어갔다 나와야 했다.

대전 이전

26일 밤 자정을 넘겨 27일 새벽 2시경, 신성모 장관과 조병옥 내무장관 그리고 이기붕 서울시장이 경무대로 들어왔다.

신성모: 각하, 서울을 떠나야겠습니다.

이승만: 안 돼! 서울을 사수해. 나는 못 떠나! (대통령은 문을 쾅 닫으며 방으로 들어갔다.)

영부인: 지금 같은 전시에는, 국가원수가 포로로 붙잡히는 불행한

일이 생기면 더 큰 혼란이 일어날 거라고 모두 염려합니다. 그렇게 되면 대한민국의 존속 자체가 어렵게 된다고요. 일단 수원까지라도 내려갔다가 곧 올라오는 게 좋다고들 합니다.

이승만: 뭐야! 누가 그런 소리를 해? 나는 안 떠나!

영부인: 모두 같은 의견입니다. 저는 대통령 뜻을 따르겠습니다. 적의 탱크가 청량리까지 왔다고 합니다. 수원은 서울에서 멀지 않아요.

신성모: 각하가 수원까지만 내려가 주시면, 이곳에서 군사작전 하기가 훨씬 수월하겠습니다.

이때 비서가 북한군 탱크가 청량리까지 쳐들어왔다는 거짓 보고를 고의로 하고, 각료들이 한사코 피난을 권유하자, 결국 이 대통령은 새벽 열차를 타기로 했다.

새벽 3시 30분. 전쟁 발발 후 이때까지 한숨도 못 잔 이승만과 프란체스카는, 금고에 있던 전 재산 단돈 5만 원과 간단한 짐을 챙겨, 비서 1명과 경찰관 4명과 함께 차창이 깨지고 낡은 3등칸 열차에 탑승했다.

"내 평생 처음 판단을 잘못했어. 여기까지 오는 게 아니었는데⋯. 다시 서울로 돌아가!"

그런데 기차가 대구에 도착하자, 이승만은 깊은 회한에 젖은 표정으로 기차를 돌려 다시 서울로 올라가도록 지시했다.

대전에 도착하자, 역에 나온 윤치영, 허정 장관이 내릴 것을 권했다.

윤, 허: 각하, 여기서 내리십시오. 서울은 이미 빨갱이들 수중에 들어갔습니다.

이승만: 안 돼, 서울로 올라가!

충남지사: 한 발짝이라도 서울 가까이에 계셔야 민심 동요가 적습니다. 제가 모시고 올라가겠습니다.

이승만: 자네 말이 옳아. 나 서울로 가겠네.

각료들과 실랑이 끝에 잠시 휴식하려고 열차에서 내린 이승만은, 곧이어 미 대사관으로부터 트루먼이 긴급 무기 원조를 결정했고, 유엔도 대북 군사 제재를 결의했다는 보고를 받았다.

이승만은 이 소식으로 전쟁 발발 후 처음 한시름 놓았고, 임시정부를 대전으로 이전하기로 했다.

대구 이전

프란체스카 기록에 따르면, 대전으로 옮긴 뒤로 이승만은 머리맡에 권총 한 자루를 놓고 자는 습관이 생겼다.

프란체스카는 싸늘한 권총이 보기 싫었는데, 그럴 때면 이승만은 영부인 손을 꼭 잡아주었다고 한다.

> "이 권총은, 최후의 순간에 공산당 서너 놈을 쏜 뒤에, 우리 둘을 하나님 곁으로 데려다 줄 티켓이야."

이승만의 이러한 결사 항전의 태도는 실제로 전쟁 기간 내내 한결같이 이어졌다.

며칠 뒤 7월 1일. 노블 미 대사관과 신성모 장관과 정일권 장군이 북한군 탱크가 너무 빠르게 남진하고 있어 위험하니 다시 남쪽으로 피난해야 한다고 권유했다. 이때도 그는 또 거부했다.

> 이승만: 차라리 대전에서 죽는 게 낫지, 더 이상 남쪽으로 내려가 경멸을 당하지 않겠어!

대통령은 방으로 들어가 문을 걸어 잠갔다. 책상 위에 두 손을 올리고 기도하는 자세로 앉아 있던 대통령은, 내(영부인)게 노트를 꺼내주며 자신이 부르는 대로 적게 했다.

이승만: 죽음이 결코 두려운 것은 아니다. 다만 어떻게 죽느냐가 문제다. 나는 자유와 민주 제단에 목숨을 바치려니와, 나의 존경하는 민주 국민도 끝까지 싸워 남북통일을 이룩해야 할 것이다.

나는 최후를 대비하는 유서로 받아들였다. 노블 대사관이 다시 애원했다.

노블: 정부를 계속 유지하려면, 대전을 사수하는 것보다 남쪽으로 옮겨, 앞으로의 대책을 세우는 게 시급합니다.

다른 장관들도 울음 섞인 목소리로 피난을 권유했다.

이후 8월. 존 무초 대사가 대전 방어가 실패하여 대구도 위험해졌다며 대구로 옮긴 정부를 또다시 옮겨야 하니 아예 정부를 제주도로 옮길 것을 건의했다.

만일 남한 전체가 점령되어도 망명정부를 지속시키고 후일을 도모하기에는 육지와 떨어진 섬이 유리하다는 이유에서였다.

이 말을 들은 이승만은, 허리에 차고 있던 천국행 티켓을 꺼내더니 대사에게 흔들어 보이며 같은 말을 했다.

> 무초: 정부를 육지에서 떨어진 제주도로 옮기는 것이 좋겠습니다.
>
> 이승만: (권총을 호주머니에서 꺼내 무초 앞에 흔들어 보이면서) 이 권총은 공산당이 내 앞까지 와서 우리를 포위했을 때, 나와 내 아내를 쏘기 위한 것이오. 나는 내 처를 쏘고, 적을 죽이고, 나머지 한 방으로는 나를 쏠 것이오. 우리들은 정부를 한반도 밖의 섬으로 옮길 생각이 조금도 없소. 우리는 여기에서 모두 총궐기하여 싸울 것이오. 우리는 절대로 도망가지 않을 것이오!

부산 이전

1950년 7월 14일, 계속되는 후퇴로 미 대사관에서 대구에서 부산으로 내려가라는 연락이 왔는데, 이때도 이승만은 부산으로 가지 않고 대구에 머물 것을 고집했다.

그런데 이때는 계속 후퇴만 하는 미군에 대한 의구심도 작용했다.

> 대사관: 어서 빨리 부산으로 내려가는 게 좋겠습니다.
>
> 이승만: 내가 더 이상 남쪽으로 내려가지 않아야, 우리 국민이 동요

하지 않을 것이오. 난 여기 대구에 있겠소. (대사가 돌아가고 나서 영부인에게) 그런데 사실은 내가 부산으로 내려가지 않는 것은, 뒤로 물러서기만 하는 미군들을 믿을 수가 없어서 그래. 지금 내가 여기 이렇게 버티고 있으니까 그나마 싸우지, 내가 부산으로 갔다 하면, 대전을 내놓은 것처럼 언제 또 대구를 내놓을지 모를 사람들이란 말이야.

부산으로 피난 가라는 미대사의 권유가 있고도, 이승만은 한 달이 더 지난 8월 20일까지 대구에서 버티었다. 그는 대구를 최후의 방어 지역으로 정하고 이곳에서 결사 항전을 다짐했다.

이승만은 전쟁 중 몇 차례의 피난을 떠났는데, 항상 각료의 피난 권고가 있고 나서 한참을 버티다가 적군이 도시에 도착하는 최후의 순간에야 피난을 떠났다.

1950년 7월, 이승만은 대구에 있던 당시 상황을 올리버 고문에게 알려 주는 편지를 보냈다.

"이제 우리는 부산에서 얼마 안 되는 마지막 도시 대구에 와 있소. 며칠 전에는 60명의 공산 게릴라 부대가 하동에 들어왔는데, 그 숫자가 3백 명으로 늘어났소.

어제 아침 채병덕 장군은 부하들을 조직하여 소부대를 이끌고 들어가 전사하고 말았소.

공산군이 대구를 향해 이동 중이라는 보도가 오늘 아침에 있었소. 미군 장병과 한국 경찰이 이를 물리치려고 나갔으나 아직 아무 소식이 없소. 한편, 적의 다른 부대가 대구 북방 멀지 않은 곳인 함양을 점령했소.

나는 모두 떨치고 일어나 몽둥이, 죽창, 폭약 등 닥치는 대로 무장하여 전투 준비를 서두르라고 이들을 격려하고 있소.

지금까지 국민 자신의 항쟁 없이 도시와 마을들을 하나하나 모두 빼앗겨 버렸기 때문이오. 이 도읍이 함락되면 갈 곳이 없으니 자기 고장을 버리고 도망가지 말라고 이들에게 타일렀소.

우리는 우리들의 가정과 우리들의 도시를 지키기 위해 총궐기해야 하오. 그러면 우리의 우방들도 지상과 하늘에서 우리를 돕기 위해 최선을 다할 것이오.

미국으로부터 증원부대를 실은 선박이 도착할 때까지, 며칠만 이 도시를 어떻게든 붙잡고 있다면 걱정할 것이 없을 것이오.

지금 청년단체들이 군가를 부르며 사방에서 모여들고 있소. 이들의 사기가 최고로 올라가 있고, 이들은 항전을 준비하고 있소.”

7월 말, 최후의 방어선인 낙동강 전선마저 위험해졌을 때, 이승만은 각료들을 불러 “대구가 최후의 결전장이며 생명선으로, 국민 모두 죽을 각오로 싸워 지켜야 할 마지막 보루”라며 배수진을 치고 최후의 결전을 다짐했다.

대통령은 온 국민과 함께 대구에서 운명을 같이할 비장한 각오를 하였다. 이날 밤, 대통령이 나(영부인)를 불러 도쿄의 맥아더 사령부로 떠나라고 명령조로 말했다.

이승만: 적이 대구 방어선을 뚫고 쳐들어오게 되면, 나는 제일 먼저 당신을 쏘고, 그리고 싸움터로 나가야 해. 그러니, 당신만은 여기를 떠나시오.

영부인: 절대로 당신의 짐이 되지 않을 테니, 최후까지 함께 있게 해 주세요.

나는 대통령에게 끝까지 함께 있겠다고 힘주어 말했다.

이승만: 다시는 결코 망명정부를 만들지 않을 거야. 국군 아이들과 함께, 우리도 여기 대구에서 최후를 마칩시다.

대통령은 내 등을 토닥여 주었다. 그러고는 대통령은 창틀을 움켜쥐고 울음 섞인 목소리로 기도했다.

이승만: 오, 하나님! 어찌하여 착하고 순한 우리 국민이 이런 고통을 당해야 합니까? 이제 결전의 순간이 다가옵니다. 우리 장병 1명이 적 10명을 대적할 수 있도록 힘과 용기를 주소서!

8월 18일, 대구가 함락 위험에 처하자, 각료들이 대통령에게 또다시 정부를 이전할 것을 건의했지만, 이승만은 이날도 승낙하지 않았다.

이튿날, 이 대통령이 진해로 시찰 나간 사이에 내각에서 부산으로 정부를 이전한다고 발표를 해 버렸다. 최후의 방어선이 위험하다는 소문이 돌자 다시 피난을 떠나는 사람들로 길거리는 아우성치고 혼잡해졌다.

이에 이승만은 미군이 대구를 포기하게 되면 국민의 사기가 떨어지고, 그렇게 되면 부산도 지키기 어려울 것으로 판단하여 맥아더에게 몇 가지를 요구했다.

모든 한국군에게 즉시 무기를 공급할 것, 가능한 한 빨리 서울로 북진을 개시할 것, 그리고 무슨 일이 있어도 대구를 끝까지 사수할 것. 이와 같은 3개 사항을 전달했다.

2차 부산 이전

1950년 9월 서울을 탈환하여 정부가 서울로 돌아오고 난 뒤인 12월, 중공군의 침략으로 또다시 계속 후퇴하게 되어, 서울을 포기하고 정부를 또다시 부산으로 옮기라는 권유를 들은 이승만은 피난을 망설였다.

아래는 12월 9일에 프란체스카가 올리버에게 보낸 서한이다.

그전에도 그랬던 것처럼, 대통령은 떠나지 않고 차라리 이곳 경무대에서 죽어야 한다고 생각하고 있습니다.

만일, 유엔이 한국에서 손을 떼고 철수한다면, 당신 영도 아래 공산군과 싸워 온 우리 한국의 2천만 국민은 처참하게 학살될 것이기 때문입니다.

중국 공산군은 북한 공산군들보다 만행이 더 극심할 것입니다. 시민들은 지금 공포에 휩싸여 짐을 싸서 밤새도록 남쪽으로 떠나고 있습니다.

한국 국군은 자신의 동족과도 맞서서 피나는 싸움을 해 왔으니, 물론 앞으로 중공 외국 침략자와는 더욱 힘껏 싸울 것입니다.

그런데 미군이 싸우지도 않고 후퇴만 하는 것이, 우리 국군의 가슴을 찢고 긍지와 사기를 떨어뜨리고 있습니다.

유엔군은 국제연합의 결정을 기다려야 하니까 지금 후퇴해야 하며,
달리 다른 행동을 할 수가 없습니다.
맥아더 장군은 대통령에게 참아 달라고 부탁했습니다. 장군 자신
도 지금 참을 수 없는 지경에 있다고 합니다.

한 달여가 지난 1951년 1월 2일, 이승만은 각료들에게 "우리가 미국
인들에게 서울을 사수하겠다는 결의를 보여 주어야만, 그들도 여기
머물러 싸울 용기를 갖게 될 것"이라고 강조했다. 서울에 계속 머물
의지를 보여 준 것이다.

그러나, 유엔군이 밀려오는 중공군의 공격을 방어하지 못해 적군
이 서울까지 진격하자 1월 3일 결국 이 대통령과 정부는 서울을 떠나
기로 의견 일치를 보았다.

1월 3일 오전 9시. 서울 비행장에서 비행기를 타려면 8시 30분에는
경무대를 출발해야 했다.
그런데 대통령은 떠나고 싶어 하지 않았다. 대통령은 괜스레 시간
을 지연시키려고 이 일 저 일을 하려고 했다.
나는 슬픔과 비통함을 억제하며 눈물을 감추느라 무척 애를 썼다.
차마 떨어지지 않는 발걸음을 옮겨 우리는 경무대를 떠났다.
비서 1명과 여자 고용원 1명과 양 노인(요리사)을 데리고 떠났다.
나머지 경무대 직원들은 이미 가족들을 데리고 미리 떠났고, 대

부분 1주일 전에 정부 공무원들이 철수할 때 함께 떠나도록 지시했었다.

우리 일행은 정오에 부산의 경남 도지사에 도착했다. 또다시 이곳을 대통령 임시관저로 쓰게 되었다.

적군은 벌써 서해로 공격해 왔고, 이미 먼저 후퇴했었던 미8군의 권고로, 우리 정부는 오늘 오후 모두 서울을 떠나왔다.

저녁 라디오 방송에서, 적군이 오늘 서울 시내에 진입했다고 방송했다.

우리는 유엔군이 중무기로 서울을 사수해 주기를 바랐는데, 유엔군은 중무기를 사용해서 싸우지 않고, 그것들을 하나라도 더 갖고 철수하는 데에 시간을 보냈고, 병력을 안전한 곳으로 이동시키는 것에 더 주력하고 있다고 한다.

이승만은 전쟁 발발 직후 급박한 순간부터 그 뒤로도 계속 후퇴만 거듭하던 모든 순간에 한 번도 미리 도망가지 않았다. 자신이 솔선해서 도망가지 않고 싸울 의지를 보여 주어야만 국민도 항전 의지를 높이고, 또 한국을 도와주러 온 미군도 싸울 의지를 잃지 않는다는 게 이유였다.

따라서 그는 언제나 적군이 대통령이 머문 도시에 진입할 때까지 그곳을 사수하려고 했고, 피난은 항상 비서진과 각료 장군들의 간곡한 요구로 최후의 순간에 이루어졌다.

1951년 1월 2차 피난 시에는, 갑자기 서울이 함락되면서 미처 준비를 못 했던 1차 피난 때와 달리, 시민들에게 1주일 전에 피난 갈 사람은 미리 준비하여 떠날 것을 권고했다. 공무원들도 미리 피난 준비를 시키는 등 1차 피난 때와 같은 피해가 발생하지 않도록 정부에서 차분하게 피난 준비를 하고 조치했다.

경무대의 직원들도 1주일 전에 먼저 피난시켰고, 이 대통령은 적군이 서울 시내에 들어온 날 가장 마지막으로 서울을 빠져나온 것이었다.

덧붙이면, 1950년 6월 1차 피난 때는 북한군이 서울에 근접하자 대통령이 포로로 붙잡히는 것을 피해서 이 대통령이 황급히 피난 가야 하는 상황이었다.

이때 한강의 철교와 인도교를 폭파했는데, 다리를 폭파하는 것은 나라를 불문하고 상대방 적의 공격 속도를 늦추기 위해서 행해지는 통상적인 군사작전이다. 한강의 철교는 미 공군 B-29 폭격기가 폭파했고, 인도교는 미 군사고문단의 미군이 TNT로 폭파했다.

그런데 기습적인 침략을 당해 미처 서울 시민을 피난시키지 못하고 인도교를 조기 폭파한 탓에, 북한군 치하에서 많은 서울 시민이 희생을 당했고, 서부전선에서 방어하던 국군도 후퇴할 길이 막혀 고투하는 피해가 있었다.

그런데 또 다른 한편 군사적으로는, 한강 철교와 다리의 조기 폭파가 빠르게 남진해 오던 북한군의 한강 남진 속도를 늦추었다. 따라서 한강 이남에 방어선을 구축하고 미군이 상륙하는 시간을 벌게 되어 결국 한국을 지키게 되었다는 평가가 우세하다.

하지만, 인도교를 조기 폭파한 군사작전의 찬반을 불문하고 논란의 여지가 없는 단순하고 명백한 역사적 사실은, 서울 시민의 희생을 초래한 근본적이며 일차적인 원인과 책임은 기습적으로 한국을 전면 공격해 온 침략자 북한 김일성이라는 점이다.

참고로, 그렇다면 며칠 안에 한국을 점령하겠다고 의기양양하게 38선을 넘어 침략해 온 김성주는 어떠했는가.

북한 김일성은 10월 11일, 한밤중에 경호대 호위하에 강계로 피난을 갔다. 한국군이 유엔군보다 먼저 평양에 진격했는데 그 날짜가 10월 19일이니, 평양이 점령되기 8일 전에 피난을 떠난 것이다.

곧이어 강계도 미군 폭격으로 점령 위험에 처하자, 김성주는 아예 압록강을 건너 중국 통화로 도피했다.

1950년 10월부터 중공군이 압록강을 건너 침략에 가세하여 다시 38선 이남으로 진격한 1951년 1월까지 3개월 정도, 김성주는 중국 통화로 정부를 이전하고, 미군 전투기의 폭격을 받지 않은 해외에서 안전하게 도피 생활을 했다.

1951년, 거제도 방문한 이 대통령 내외

제3장

•

유엔 67개국 지원

미국·유엔의 지원 결정

이승만은 북한의 전면 침략을 받았지만 내내 '크게 걱정할 것 없다'
는 국방부 장관의 보고를 받고 25일 밤까지 상황을 주시했다. 이후 상
황이 매우 '급박하고 위험하다'는 경찰 보고를 받고 사태의 심각성을
인지하고, 25일 자정을 넘겨 도쿄의 맥아더 장군과 미국 트루먼 대통
령에게 전화했다.

전쟁이 발발하고 만 하루가 안 된 시각에 이루어진 일이다.

이 두 통의 전화로, 유엔 창설 최초이자 최후인 유엔이 유엔군 사령
부를 설치하고 직접 전투에 참전하는 현대사의 유일무이한 최대 규모
의 전쟁이 시작되었다.

1949년 6월 미군이 모두 떠나고, 북쪽에서는 소련 북한의 전면 침

략 위협이 점점 더 노골적으로 드리우고 있을 때. 그때도 이승만은 "우리 스스로 자주국방을 원하지 결코 남의 희생을 바라지 않는다."라고 말해 왔다.

따라서 이승만은 국가 방위를 위한 중화기를 원조해 달라고 미국에 지속적으로 요청했다. 하지만 트루먼은 이승만 요구를 거절하는 것에서 나아가, 되려 한국이 북한을 공격하지 못하도록 방위력과 행동을 극도로 제한하는 정책으로 일관했다.

그런데 막상 실제 북한군이 전면 남침을 하자, 트루먼은 신속하게 한국에 군사 지원을 결정했다.

1950년 6월 27일, 그는 더글러스 맥아더 극동군 사령관에게 '미국 극동의 공군과 해군에게 대한민국 정부를 엄호 지원하라'고 지시했다.

그리고 그는 미국 신문협회 회의에서 다음과 같이 말했다.

최근 공산주의 군대의 대한민국 침략은 극도로 낙후된 지역이 위험에 처했음을 보여 주는 예입니다.

그러한 공격을 방지하고 유엔 헌장 원칙을 유지하기 위해, 가능한 모든 조처를 하는 것이 중요합니다.

우리는 독립을 유지하려는 사람들에게 가능한 모든 지원을 제공해야 하며, 앞으로도 계속 제공할 것입니다.

우리는 공산주의가 사용하는 공포라는 무기에 맞서야 합니다.

트루먼의 신속한 지원은, 미국이 한국을 자국의 방어선 밖으로 밀어내면서 사실상 한국을 포기하는 분위기였던 당시 상황을 고려하면 의외의 결정이다.

그렇다면 트루먼은 왜 한국을 지키는 전쟁에 뛰어들었는가?

한국이 공격을 당해도 참전 의무 조약이나 지원 약속도 없던 미국이 한국을 방어하기로 결정한 이유에 대해, 그는 회고록에서 세 가지를 들었다.

하나는, 한국이 공산화되면 미국 방어지역인 일본 방위선마저 위협을 받을 것이라는 점. 또 하나는 한국 정부 수립의 책임을 맡았던 집단 안보 기관인 유엔의 위상을 고려해야 했다는 점. 또 하나는 한국의 공산국가 침략을 방치하면 앞으로 아시아 전체가 공산국가들에 정복될 위험이 있었기 때문이라고 말했다.

트루먼이 공개적으로 말한 이러한 대의명분 말고도 여러 가지가 있다. 예를 들어, 장개석 국부군에 많은 지원을 했음에도 불구하고 중국 본토의 공산화를 막지 못한 데 대해 당시 미국 내에서 고조된 비판 여론.

매카시 의원의 폭로로 밝혀진 미국 의회와 국방부 등 정부에서 활약하던 소련 공산주의자 간첩들의 문제. 빌리 그레이엄 부흥 목사의 한국 지원 호소 등.

이와 같은 미국 국내의 불리한 상황들이 그가 한국에 군사 지원을 결정하는 데에 얼마나 영향을 끼쳤는지 정확히 알 수 없으나, 여하한 이유에서든 트루먼의 결정은 이제 갓 탄생한 대한민국으로서는 나라의 존폐 위기에서 운명을 가르는 역사적 결단이 되었다.

1948년 5월 10일, 대한민국은 유엔 감시 아래 대한민국 최초이며 수천 년 역사상 최초로 국민 직접 선거를 통해서 국회의원을 뽑았고, 그해 12월 유엔 총회에서 한반도의 유일한 합법 국가로 승인된 자유민주주의 체제의 국가다.

유엔은 공산국가 북한의 한국 침략을 세계 평화와 안전에 대한 공격이라고 받아들였고, 따라서 유엔은 미국에 이어 한국의 안전과 평화를 지킬 목적으로 신속한 지원을 결의했다.

1950년 6월 25일, 유엔 안전보장 이사회는 전쟁이 발발하자 즉시 북한군의 무력 침략을 규탄했다(결의안 82호).

북한 공산군의 대한민국 공격은 평화를 깨뜨리는 행위다.

적대행위를 즉각 중단하고 군대를 38선 이북으로 철수하라.

6월 27일, 유엔은 소련이 불참한 가운데, 대한민국 지원 결의안을 7대 1, 기권 2로 채택했다(결의안 83호).

무력 침략을 격퇴하고 이 지역의 국제 평화와 안보를 회복하기 위해서, 대한민국에 필요한 지원을 제공할 것을 권고한다.

그리고 7월 7일, 유엔은 유엔군 사령부 창설을 승인하였다(결의안 84호).

미국이 유엔군의 지휘를 맡기로 결정하고, 북한의 침략에 대응하여 한국에 군사 지원을 제공하는 모든 회원국이 미국의 지휘하에 전쟁을 수행하기로 결의했다.

유엔 창설 최초이자 유일하게 전투 사령부를 설치하고 유엔이 직접 전투에 참여하는 세계 자유 수호 전쟁을 시작하게 된 것이다.

6·25당시 전 세계 독립 국가는 91개국이었는데, 이들 나라 중에서 무려 67개국이 한국을 지원했다. 그리고 이것은 인류 역사상 가장 많은 국가가 연합군으로 한 나라를 지원하는 전쟁을 치른 세계 기록이 되었다.

67개 나라 중에서 한국에 전투 병력을 파병한 나라는 16개 나라다. 6개국(인도, 덴마크, 스웨덴, 노르웨이, 이탈리아, 독일)은 의료 인력과 병원선 등 의료 설비 및 의무 지원을 하며 직접 한국전쟁에 참전했다. 나머지 45개 국가는 물자, 인도적 지원, 전후 복구 등 후방 지원을 했다.

이로써, 6·25전쟁은 소련 중공 북한의 공산 진영의 침략에 대항하여 역사상 유일무이하게 세계 67개 국가가 한국을 지원한, 세계 공산 진영 대 자유 진영의 전쟁으로 확대되었다.

미국과 유엔이 여하한 이유와 목적을 갖고 참전했든, 미국과 유엔의 참전이 아니었다면 당시 한국을 지켜 내기란 쉽지 않았을 것이기 때문에, 한국 땅에 와서 피 흘린 미군과 유엔군은 한국인의 은인이 되었다.

7월 19일, 이승만은 전쟁을 지원해 준 트루먼에게 감사 서한을 보냈다.

"본인은 절망적인 순간에 한국에 원조를 제공한 각하의 행동에 대하여, 대한민국 정부와 모든 국민을 대신하여 깊은 감사의 마음을 전합니다.

우리는 한국을 위하고 동시에 자유의 대의를 위하여 지원해 주는 국제연합의 많은 자유 우방에 깊이 감사하는 한편, 각하의 용감한 영도력이 이 위기에 발휘되지 않았던들 어떤 지원도 원조도 없었으리라는 사실을 잘 알고 있습니다.

본인은 미국의 전쟁 사상자가 늘어나는 것을 심히 가슴 아프게 생각합니다. 이역만리 한국에서 자유를 위하여 그렇게 많은 사람들이 자기 생명을 바쳐야 한다는 것은 비극적인 사실입니다.

우리 군대는 우리 땅 안에서 자신의 나라를 위해 싸우고 있으므로 사상자가 아무리 참혹하다 하더라도, 본인으로서는 귀국의 희생자들보다 차라리 우리 사상자 이야기를 듣는 것이 더 편합니다.

미국의 위대한 전통을 이어받아 잔인한 침략자들과 싸워 약자를 보호하려고 이 땅에 왔고, 해방과 자유가 지구상에서 사라져서는 안 되기에 생명을 걸고 싸우고 피 흘린 이 사람들의 용기와 희생을 한국 사람들은 결코 잊지 않을 것입니다.

이곳 한국 땅에서 죽었거나 다친 미국 병사들의 부모 형제 가족들에게 위로의 말을 전합니다.

각하의 위대한 나라의 병사들은 미국인으로서 살다가 죽었습니다만, 자유 국가의 독립이 공산당에 의해 유린되는 것을 더 이상 허용하는 것은 모든 나라들 심지어 미국까지도 공격받는 길을 터주는 것임을 알고, 세계시민으로서 나라 사랑의 한계를 초월하여 자기들 목숨을 바쳤던 것입니다."

이 대통령이 공식 행사에서 참전 국가와 장병들에게 감사의 마음을 늘 표현한 것처럼, 유엔이 아니었다면 한국은 주위 아시아 나라들과 마찬가지로 북조선으로 공산화되어 그 이름이 역사에서 사라졌을 것임은 전쟁 후 지금까지 역사를 돌아보면 충분히 가정할 수 있는 결과다. 그러므로 대한민국은 유엔이 건국했고 또 유엔이 지켜 준 나라라는 사실은 부인할 수 없다.

그런데 그렇다고 하여, 한국이 미국과 유엔에 무한한 빚을 지고 있다고 해서, 이승만이 미국과 유엔이 펼치는 정책에 그대로 순종하고 따르기만 한 것은 아니다.

전쟁이 오래 지속되면서 복잡한 문제들이 생겨났고, 각 사건과 사안마다 이승만과 유엔 사이에 의견 정책 차이가 발생했다. 전쟁이 진행될수록 타협과 해결점을 찾기는커녕 오히려 팽팽한 갈등과 마찰이 심각해졌다.

이승만과 미국·유엔의 갈등

3년의 전쟁 기간 내내, 이승만이 대통령으로서 전쟁을 치른 상대는 북한과 중국만이 아니었다. 이들 외부 공산 세력과 전면전을 치르는 동시에 국내 공산 세력과는 게릴라전의 국지전도 병행해야 했다.

설상가상으로 그는 우방 국가들과도 정치 외교적 투쟁을 치러야 하는 어렵고도 외로운 복잡한 전쟁을 치러야 했다.

이승만이 미국과 크고 작은 마찰을 겪으며 때론 매우 심각하고 중대한 상황으로까지 치달으면서, 미국이 한때 그를 제거할 세부 계획까지 실행할 정도로 우방 국가들이 그를 적대시하기도 했다.

그리고 이러한 불편하고 껄끄러운 관계는 1953년 7월 정전 협정을 맺을 때까지 그리고 협정 이후 1954년 4월 정치회담을 진행할 때까지 줄곧 이어졌다.

그렇다면, 미국이 왜 한때 그를 적으로 여기고 제거하려고 했을 정도로 이승만과 미국은 극한의 대립을 했는가?

결론부터 말하면, 사소한 정책들을 제외하고 가장 근본적이고 핵심적인 갈등의 원인은 바로 전쟁의 목표가 서로 달랐기 때문이다.

이승만의 전쟁 목표는 시종일관 한반도를 하나의 자유 민주 체제 나라로 통일하는 것이었고, 미국과 유엔은 전쟁 전의 상태인 38선을 다시 복원하여 분단을 유지하는 것이었다.

이승만은 38선을 원상 복귀하는 것은 더 큰 침략과 위협으로 귀결될 것으로 판단하여 끝까지 수긍하지 않았다.

그는 한국인이 엄청난 희생을 치른 대비극의 결과가 고작 분단이라는 사실을 받아들이지 않았다. 처음부터 끝까지 통일 이외의 그 어떤 것도 전쟁의 종결이 될 수 없다고 여겼다. 그러므로 분단 상태로 정전을 고집하는 미국 유엔과 그와의 대립은 해결점을 찾을 수 없었다.

물론, 가장 중요하고 첨예한 갈등 사항이었던 전쟁 목표인 통일 문제 말고도 다른 사안들도 있었다. 전쟁 중 이승만이 유엔 정책에 대해서 불만을 표출하거나 직접 갈등 대립한 사안들은, 통일과 같이 한국의 존립에 치명적이고 근본적인 중차대한 문제에서 전투의 전술 같은 구체적인 것들까지 한둘이 아니었다.

예를 들어, 무기 지원, 서울 환도, 38도 북진, 북한 지역 통치, 전략 전술, 통일, 포로 교환, 휴전, 정치회담 등의 사안들이 있었다.

앞으로 다음 장들에서 관련 내용들을 차례로 살펴보게 될 것이므로, 여기서는 몇 가지 사례만 지적해 보겠다. 먼저 무기 문제가 있었다.

앞에서 설명한 것처럼, 전쟁 전부터 이승만은 한국에 있던 미국 군사고문단이나 유엔의 한국위원단의 군사 정책에 대해서 강하게 반발했다. 38선에서 한국군은 북한의 침략에 대비하여 방어조차 제대로 할 수 없도록 하여, 기왕에 무기도 없는 한국군의 손발을 그마저 묶어 버리는 조치를 취했기 때문이다.

그런데 미군은 전쟁이 발발하고 전투가 한참 진행 중인 상황에서도 한국군에게 무기를 선뜻 지원하지 않았고, 따라서 이승만은 전쟁 중에도 지속적으로 한국군에게 싸울 수 있는 소총을 달라고 애원하다시피 했다.

사실 한국군은 무기 말고도 유엔군이 입는 군복과 음식도 제공받지 못하여 군복 신발이 부족했고 먹는 음식도 형편없었다.

경무대 일지에 따르면, 이승만의 끈질긴 요구에 맥아더가 극소수의 한국 병사들에게 유엔의 음식과 군복을 제공하기로 발표한 것은 1950년 8월이었다.

> 8월 14일, 맥아더 사령관은 '1천 명의 한국 병사들에게 유엔군 휘장이 있는 군복을 제공하고, 미군과 함께 먹고 잘 수 있도록 조치하라'는 명령을 내렸다.
> 이때까지 한국군과 미군이 먹는 음식이 달랐다.

그런데 사실 대통령이 맥아더에게 편지로 요청한 것은, 옷이나 음식보다는 3만 정의 소총이었다.

이듬해 1951년 1월에도 이승만은 맥아더에게 한국군에게 소총을 달라고 요구하는 서한을 보냈다.

당시는 중공군의 침략으로 압록강에서부터 다시 한없이 후퇴하던 상황이었는데, 이승만은 그 타개책으로 한국 장병들에게 무기를 주고 무장시켜 싸울 수 있게 하라고 맥아더에게 설명했다.

"1개월 전, 중공 오랑캐의 침략 이후, 유엔군은 압록강 국경선에서부터 계속 후퇴하여, 지금은 적군이 수원까지 내려왔습니다.

만일 적군이 지금과 같은 속도로 내려오게 내버려둔다면, 적군은 짧은 시간 안에 대구와 부산에 도달할 것입니다.

그리고 그 결과는 상상만 해도 몸서리가 쳐집니다. 우리 한국 사람들에게 닥칠 일은 너무나 무서운 것입니다.

또한 그렇게 되면 각하와 다른 위대한 지도자들에게 미칠 영향도 좋지 않습니다. 그들은 전쟁의 모든 책임을 각하에게 돌리려 할 것이고, 소련과 전세계 공산국가들은 승리의 환성을 올릴 것입니다.

국제연합은 세계대전으로부터 자신은 물론 다른 어느 나라도 구출할 수가 없고, 이 전쟁을 더욱 비참하게 만들고 있을 뿐입니다. 이러

한 사태를 구해 내려면 전력을 다해서 지금 공산 침략자들을 무찔
러야 합니다.

그러므로 한국인들에게 무기를 대주고, 이들의 유격 전술에 따라
서 전쟁을 수행하도록 허용해 주십시오."

2월에는 이승만은 '우리는 미국이나 다른 나라가 우리를 위해 대신
싸워 주는 것을 원하지 않는다'는 생각을 밝히면서, 무초 대사에게
무기를 비축해 놓아야 한다고 무기를 요청하기도 했다.

그런데 미국은 제대로 훈련받은 군인이 아니면 무기를 내줄 수 없
다며 한국군에게 중화기를 지원하지 않으니, 이승만은 한국군은 열
심히 싸우고 싶어도 총이 없이는 적군과 싸우기는커녕 공비도 제대
로 잡을 수 없다고 늘 한탄했다.

중공군이 대규모 병력을 앞세워 전력이 약한 한국군 전선을 공격
하면 한국군이 패하여 무기를 뺏기곤 하자, 미군은 한국군을 신뢰하
지 못하고 중화기를 제공하지 않았다.

따라서 미군은 이승만이 요구하는 탱크 대포 등 중화기는커녕 소
총 하나도 쉽게 내어준 적이 없고 수없는 요구로 받아 낸 것이었다.

이처럼 전쟁 중 이승만이 전력을 다해 힘쓴 일 중 하나는, 한국군
을 무장하기 위한 무기를 달라고 요구하고 또 요구하는 것이었다.

다음으로, 9월 15일, 인천 상륙작전 성공으로 9월 28일 서울을 탈

환하게 되었을 때, 유엔은 이승만에게 즉시 서울 환도를 승인하지 않았다.

맥아더는 서울로 환도하려는 이승만에게, '워싱턴 고위층의 승인을 얻어야 한다'는 전문을 이승만에게 보냈다.

이에 대해서 이승만은 맥아더에게 아래와 같은 전문을 보냈다.

> 귀 전문은 이해가 안 된다.
>
> 현존하는 한국 정부가 기능을 정지했던 일이 없다는 사실에 비추어, 서울의 상황이 합당한 안전을 허용하리만큼 충분히 안정되는 즉시, 정부는 그곳으로 복귀되어야 할 것이다.
>
> 이것은 물론 정부의 재수립과는 관계가 없는 동시에, 사실상 정부의 변동과도 관계가 없을 뿐만 아니라, 시민 활동을 원활하게 재개하고 적의 통치로부터 해방된 지역에 법과 질서를 신속하고 효과적으로 회복시키기 위하여, 현 정부를 헌법상의 위치로 복귀시키는 것에 지나지 않는다.
>
> 이런 조치는 미국 대사와 모든 기타 당국자가 크게 바라는 것일 뿐만 아니라, 본인의 작전명령 속에도 분명하게 함축된 것이다.

이 문제에 관해선 미국 워싱턴으로부터 별다른 항의가 없어, 이승만은 곧바로 9월 29일 다른 방해 없이 서울로 환도할 수 있었다.

또 다른 사안으로, 이승만은 유엔군의 전투 방식에 대해 불만이 많았다.

이승만은 유엔군이 탱크와 중화기를 갖고도 후퇴만 하는 지연작전에 대해서 종종 불평을 토로했다.

그는 미군이 전투기에만 지나치게 의존하면서 지상군이 싸우지 않고 무기력하게 후퇴만 한다고 이야기했고, 경무대 일지에 따르면, 한국군에 비해서 전투력이 약한 유엔군에 대한 불평을 측근들에게 종종 털어놓았다.

대통령은 계속해서 후퇴만 한다는 보고에 몹시 화를 냈다.
탱크들은 후퇴 작전을 하려고 있는 것이 아닌데, 탱크들이 장애물로 취급받고 있었다.
미군들은 탱크를 철도로 후송하려고 한다. 왜냐하면 탱크가 전투에 도움이 되지 않는다고 생각하기 때문이다.

이승만은 로버트 올리버에게 보내는 서한에서도, 유엔의 후퇴 작전에 대해서 여러 차례 강하게 불만을 털어놓곤 했다.

1950년 겨울에서 이듬해 초까지, 중공군이 참전한 뒤에 계속 후퇴만 하는 상황에서 올리버에게 보낸 편지들이다.

"우리의 계획에는 타협은 포함되어 있질 않소이다.

유엔군은 싸우지 않고 후퇴하고 있고, 한국군은 후퇴를 원하지 않기 때문에 지금 이곳은 대혼동과 혼란이 일고 있소이다.

그러나 한국군은 미국의 지휘하에 있기 때문에, 관계를 끊지 않기 위해 유엔군을 따르고 있소.

지금 서울 시민들은 남쪽으로 내려가는 중이고, 상점은 모두 문을 닫고 있소.

미국 사람들은 비행기를 가져다가 미국인을 태워 실어 나르고 있고.

미국 측의 우유부단한 태도는 유엔과 미국 정부의 권위를 손상시켰을 뿐만 아니라, 그들은 싸우지 않고 후퇴하고 있소이다.

중공군은 지금 후방에 있고, 4만에서 6만의 북한군이 남쪽으로 내려오고 있소."

"유엔군이 싸우지 않고 후퇴함으로써 한국 사람들의 사기를 꺾고 있소이다.

그것은 패배주의로 인식되고 있으니 말이오. 지금 한국군의 사기가 저하된 것은 유엔군의 후퇴 작전 탓이오.

우리 한국군은 중공군과 전투를 피하려는 생각은 추호도 없소.

시민들은 유엔군이 중공군 침략에 어떻게 대응할 것인지 알고 싶어 하오."

"우리는 끝까지 싸우다 죽든가 아니면 적을 쳐부수고 전멸시킬 것이오.

이것이 우리들의 결심이며 유엔은 여기에 반대할 아무 이유도 없기를 바라오. 그들은 이번 동란과 같은 세계적 위기를 다루어 나갈 능력이 없음을 입증했소.

지금이라도 국제연합이 이런 상황에서 나오길 원한다면, 맥아더 장군에게 필요한 무기를 사용할 권한을 주어야 할 것이오.

지금 그렇게 하지 못하면, 민주주의에 등을 돌리고 소련을 지원했다는 비난을 면할 수 없을 것이오."

12월 11일, 무초 대사가 경무대에 들어와 이 대통령에게 비밀 전문을 보여 주었다.

무초: 지금 한국 정세가 그렇게 나쁘지 않습니다. 미국은 전력을 다하고 있다는 것을 알아주십시오.

이승만: 지금 로마는 불타고 있는데, 미국과 유엔이 하는 것이라고는 말뿐이오.

1950년 12월, 유엔이 휴전 협정을 결의하면서 이승만은 유엔에 대해서 더 강한 불만을 드러냈다.

1951년 1월, 이승만은 장면 주미대사에게 아래와 같이 전문을 보냈다.

친공 국가들이 제안한 각종 국제연합 결의안에 대해서 나는 전혀
관심을 기울이지 않고 있소.
그들 중의 몇몇 나라들은 자기네가 처한 상황을 모르고 있고, 더러
는 민주주의와 공산주의 투쟁의 뜻을 모르며, 어떤 나라들은 소련
연방이나 그 꼭두각시들의 비위를 건드릴까 봐 두려워하고 있소.
그러니 그들로부터 무엇을 기대할 수가 있겠소? 남이야 어찌 되든
말든 자기들 자신의 이익에만 관심이 있는 것이오.
한마디로 말해서 이런 상황이기 때문에, 우리는 그들에게 큰 기대를
걸 수가 없소.

그렇다고 하여, 이승만이 미국과 유엔에 자신의 주장을 일방적이고
무조건으로 펼친 것은 아니다.
그의 주장은 늘 논리적이고 설득력이 있는 점이 특징이다. 이승만
자신이 한국을 지원해 주는 미국과 유엔 우방국들과 관계를 어떻게
설정하고 있었는지, 1950년 8월에 발표한 아래의 성명서가 그의 생각
과 태도를 압축하여 잘 보여 준다.

우리는 전 세계 우방들에 분명히 밝혀 두고 싶은 게 하나 있다.

그것은 어떤 나라든지 이 전쟁을 중재하기 위한 계획이나 제안을 하기를 원할 경우, 반드시 한국 정부에 제시돼야 한다는 것이다.

우리는 남북한 간의 평화 협상 제의가 소련이나 다른 어떤 나라에 의해서 제시되는 것을 강력히 반대한다.

우리 정부의 사전 협의 없이 남북한 문제에 관해서 다른 나라들이 협정을 맺는 것을 결단코 반대한다는 점을 분명히 밝혀 두는 바다.

우리 우방들이 전쟁에 참여해서 우리를 도와주고 있지만, 현재의 이 전쟁은 궁극적으로는 우리 자신의 전쟁이다. 다행히도 우방들이 민주주의를 수호하려는 목적은 우리 자신이 추구하는 것과 일치했다.

모든 민주국가를 파괴하고 전 세계를 공산주의로 지배하려고 하는 이자들의 무차별 공격에 대항하여, 자유 민주 진영이 우리와 함께 싸우는 것은 당연하다.

그러나 그렇다고 해서, 우리를 도와준다고 해서 그들이 우리나라를 다스리거나 우리 내정에 간섭해도 좋다는 뜻은 아니다.

전쟁이 한반도에 국한되어 전개되는 한, 이 전쟁은 전적으로 국내 문제이며 우리들 자신이 책임을 져야 한다.

우리는 중요한 문제를 우방들과 상의할 것이며, 그들의 제안과 충고에 대해선 감사할 것이다.

그러나 분명히 해 둘 것은, 어떠한 경우든지 간에 우방들의 충고와 제안을 수락하거나 반대로 거부하는 것은, 오로지 우리 정부 고유의 권한이라는 점이다.

이승만은 유엔 위원들과 면담 시에도, 한국의 입장이 유엔과 적대적이거나 반항하려는 뜻이 아님을 늘 밝혔다.

1950년 겨울, 유엔 한국위원단인 파키스탄 대사와의 면담 내용이다.

> 이승만: 대한민국을 38선 이남으로 국한 시키는 제한조건을 유엔에 해제해 달라는 우리 정부의 요구가, 유엔에 협력하지 않겠다거나 혹은 유엔의 결정에 반항하는 것으로 해석하지는 마십시오.
>
> 우리는 유엔과 긴밀히 협력할 것이며, 북한 지역이 해방되었을 때, 바로 그 지역에서 법과 질서를 세워 혼란을 막으려면 우리 정부의 도움이 꼭 필요하므로, 38선 이남에 한정하는 우리 정부의 권한을 없애 달라고 요구했던 것입니다.
>
> 파키스탄 대사: 각하의 이야기가 대단히 적절한 것으로 판단됩니다.

외국이 한국을 도와준다고 해서 한국 내정에 간섭할 수 없다는 주장. 한국을 제외하고 외국 국가들이 한국 문제를 결정할 수 없다는 주장. 외국과 논의할 것이지만 결정은 한국의 몫이라는 주장. 이렇듯, 비록 지원을 받는 불리한 상황에서도 이승만은 양도할 수 없는 한국 주권의 고유 권한에 대해서 논리적이고 명쾌하게 주장했고, 이러한 그의 떳떳하고 자신감 있는 태도는 전쟁 중에 시종일관 지속된다.

그런데 다른 한편으로, 바로 이 이승만의 당당하고 굽히지 않는 태도는 점차 미국과 그가 심각하게 대립하고 갈등하는 독약이 되기도 한다.

1952년. 부대 시찰 중인 아이젠하워 대통령과 이 대통령.

제4장
•
시찰

빛나는 백발

전쟁 중, 이승만은 밤에는 권총을 머리맡에 두고 자고 낮에는 허리에 차고 다니며 결사 항전의 행보를 보였다. 그의 이러한 정신을 뒷받침하는 또 다른 예로 피난지에서의 근검절약한 생활을 볼 수 있다.

이 장의 주제에서 벗어나므로 자세한 설명은 생략하지만, 그는 대구와 부산에서 피난 시에 경북 경남 도지사 관저를 거처로 사용했다. 낡고 불편한 관저를 다른 각료들과 북적이며 함께 사용했고, 물이 부족할 때는 양치는 매일하고 세수는 이틀에 한 번씩 했다.

또한 추운 겨울에도 난로를 켜지 않고 집무실에서 일을 하거나, 밥상의 반찬 가짓수를 2개만 놓으라고 하거나, 추석에 고기가 없어 떡국에 고기를 넣지 못한 떡국을 먹었다.

뿐만 아니라 쌀이 부족할 때는 점심 한 끼를 감자나 빵의 밀가루 음식으로 대체하거나, 시찰 중에는 점심을 거르는 경우가 종종 있는 등 전쟁 중 물자가 부족하고 모든 것이 어려운 형편에서 대통령 자신부터 몸소 근검절약을 실천했다.

사실, 이승만은 비단 전쟁 때만이 아니라, 전 생애에 걸쳐 부정 축재를 하지 않고 청빈한 삶을 살았던 대통령이다.

그가 하야하고 사저로 돌아갔을 때 그의 전 재산은 해방 후에 실업가들이 모금하여 마련해 준 이화장 집 한 채가 전부였다. 하와이 요양원에서 마지막 생을 보낼 때는 입원 치료비가 없어 병원에서 무료로 제공해 주었고, 간병비가 없어서 프란체스카 여사가 직접 간병했다.

그런데 이러한 일상 실천들보다도 전쟁 중에 이승만의 솔선수범의 자세를 가장 잘 알 수 있는 그의 행보는 바로 전선 시찰일 것이다.

이승만은 전쟁 중에 전방 부대, 훈련부대, 야전 병원, 피난소나 보육원 등의 일선 시찰을 2, 3일에 한 번씩 나갔다.

미8군 사령관이었던 밴 플리트 장군은 이승만의 이러한 잦은 시찰에 경외감을 보냈다.

그는 2년 동안 평균 1주일에 한 번씩, 나와 함께 온갖 역경을 마다하지 않고 전방과 훈련 지구를 찾았다.

추운 날 지프를 타야 할 때면, 죄송하다는 내 말에 미소로 답하고
는 자동차에 올랐다.

목적지에 도달하기까지 그의 밝은 얼굴과 외투 밖으로 보이는 백발
은, 검은 구름 위에 솟은 태양처럼 빛났다.

1951년 4월 부임한 밴 플리트 장군이 평균 1주일에 한 번꼴로 자신
과 동행했다고 했는데, 1950년 6월부터 1951년 초의 프란체스카 기록
에 따르면, 이승만은 보통 3일이 멀다 하고 시찰을 나갔다.

그렇다면 전쟁 기간 전체 이승만이 전선 시찰을 나간 횟수는 추정
하면 대략 2~3백 회 정도가 될 것이다.

그리고 이러한 위험한 전선 시찰의 시작은 바로 맥아더를 만나려
고 대전에서 경비행기를 타고 수원 비행장으로 날아가, 한강 전선을
함께 시찰하고 돌아온 6월 29일이었다.

맥아더와의 첫 만남

경무대 일지에 따르면, 전쟁 발발 이후 며칠간을 거의 뜬눈으로 밤
새고 대전에 내려와 있던 이승만은, 맥아더가 전선 시찰을 온다는 소

식에 오랜만에 얼굴에 웃음기가 있었다고 한다.

이승만은 그날 기분이 좋아서 수원으로 날아갔는데, 프란체스카는 이 대통령이 시찰에서 돌아올 때까지 내내 마음을 졸이며 기다렸다.

무초 대사에게 맥아더 장군이 전선을 시찰하려고 한국으로 온다는 소식을 들은 대통령은, 기분이 좋아서 수원 비행장으로 가겠다고 말했다. 대통령은 미 공군이 조종하는 경비행기를 타고 수원 임시 비행장으로 출발했다.

수원 비행장에서 맥아더 장군과 만난 이승만은 서로 기쁘게 얼싸안았다.

그런데 이때 대통령이 맥아더 장군을 나무랐다.

이승만: 장군, 장군 구두가 한참 커 올라오는 모를 밟고 있소.
맥아더: "각하, 몰랐습니다. 죄송합니다."

이에 맥아더가 정중히 사과했다고, 대통령은 돌아와 내(영부인)게 즐거운 표정으로 말했다.

돌아오는 중에는, 적의 야크 전투기 2대가   아오며 공격했다고 한다. 미 공군 조종사는 산을 피하여 계곡을 따라서 지상에 닿을 만큼 낮게 저공비행을 하며 비행기를 몰면서, 야크 전투기를 간신히 따돌렸다.

나는 대통령이 돌아올 때까지 7시간을 비행장에서 초조하게 기다
렸다.

밤 8시 반, 대통령이 무초 대사와 함께 도착하자, 반가워서 왈칵 눈
물이 쏟아졌다.

이승만과 맥아더 장군이 수원 비행장에서 만나는 시간에도, 상공
에서는 적의 야크 전투기가 폭탄을 투하하여 논바닥에 엎드려 피하
느라 흙투성이가 되었고, 수원과 대전을 오고 가는 도중에는 적기가
쫓아오며 공격을 해 오는 위험한 상황이었다.

그런데 간신히 전투기 요격을 피해 대전에 돌아온 이승만은, "비행
기 조종을 잘하는 조종사를 만났기에 망정이지."라며 여유의 말을 건
넸다고 한다.

이날, 수원 비행장에 있던 한 미국인 기자는, 이승만의 태도를 보
고 경의를 보냈다.

이승만 대통령은 노인으로는 보기 드물게 정력적인 인물이었다.

그가 방금 겪은 일(대전에서 수원으로 오는 도중에 적의 공격을 받은 상황)
을 들었을 때, 그런 위험한 순간에도 그가 보여 준 (침착한) 태도에
깊은 존경심을 갖지 않을 수 없었다.

그러나 또 그보다도, 활주로 옆에 서 있던 우리들의 발밑을 바라보

던 그의 모습은 영원히 잊지 못할 것이다.

발밑을 바라보던 그가, 고개를 들더니 애정이 가득 담긴 표정으로 말했다.

"어린 모들이 올라오는데, 우리가 짓밟고 있구려."

2, 3일에 한 번씩 시찰

야크 전투기의 공격으로 어디든 위험하지 않은 곳이 없던 터라, 프란체스카는 늘 마음을 졸이며 초조했다고 한다. 게다가 이 대통령이 작은 비행기를 타고 일선 시찰을 자주 다녔기 때문에, 영부인은 대통령이 돌아올 때까지 걱정하며 기다리는 날이 많았다.

영부인이 기록한 일지를 보면, 당시 이승만이 위험한 상황 속에서도 종횡무진 전선을 찾아다닌 것을 알 수 있다. 아래는 그중 몇 사례다.

대통령이 경주에서 돌아오기를 기다리고 있다.

너무 무방비 상태로 시찰을 다니는 것이 아니냐고 사람들의 걱정이 대단하다.

오늘 아침에도 비서와 경호관들은 모두 비행장에 남겨두고, 홀로

F51기를 타고 경주로 갔다.

적의 야크 전투기는 오늘도 떴는데, 아직 돌아오지 않고 있다.

작은 비행기로 경주에 간 대통령이 예정 시간이 지나도 돌아오지 않아 무척 걱정했다. 비행기는 초저녁 5시가 넘어서야 도착했다.

이야기를 들어본즉 별다른 일은 없었지만, 경주에서 퍽 위험한 경험을 했다고 한다.

미군 부대는 경주 시내에 있지만, 한국군 사령부는 경주시의 외곽으로 3km 정도 떨어진 곳에 있다. 그쪽으로 차를 몰고 가는 도중에, 머리 바로 위로 포탄들이 쌩쌩 날아다녔다는 것이다.

나중에 알고 보니, 미군 측에서 부근의 산속에 포진지를 구축하고 있는 적의 유격대를 겨냥하여 쏜 포탄들이었다.

그런데 정작 더 아슬아슬 위험했던 사람은 정일권 장군이었다. 그가 비행기로 부산으로 가는 도중에 야크 전투기 2대의 공격을 받았는데, 적군이 대통령이 탄 비행기로 착각한 모양이다.

대통령이 경비행기를 타고 다닐 것이라고 상상이나 할까?

정장군의 비행기는 적의 포탄을 맞았지만, 다행히 무사히 착륙하였다.

대통령은 오전에 춘천 전선을 시찰하고, 춘천에서 원주로 이동하였다. 원주에서 오후 4시에 돌아올 예정이었는데, 5시 30분에 도착하여 그동안 무척 걱정했다.

요즘 전선 시찰은 적군이 수없이 출몰하여 매우 위험하기 짝이 없다. 그런데도 대통령은 늘 우리 장병들을 직접 찾아가서 격려하기를 즐기고 있는데, 대통령의 시찰이 장병들의 사기진작에 긍정적인 영향이 있으면 좋겠다.

서울로 환도한 직후, 대통령은 서울의 민정 시찰을 나갔다. 거리에는 시민들이 어질러진 길을 청소하고 있었다. 남대문에 이르자 대통령을 본 시민들이 만세를 불렀다.

대통령이 차를 멈추게 한 후, 차에서 내려 거리를 나섰다. 금방 사람들이 모여들었고 대통령과 시민이 서로 얼싸안고 흐느끼고 울었다.

대통령은 갑자기 시민들에게 연설하고 싶어서 올라갈 곳을 찾다가, 자동차 범퍼를 발판으로 딛고 경호관 몸을 의지하며 연설을 시작했다.

"앞으로 아무리 뼈아픈 고통과 슬픔이 닥쳐오더라도, 우리 모두가 힘을 합해 참고 견디면 밝은 날이 올 것입니다."

이때, 이 경사가 갑자기 당황하는 보습이 보이고, 황 비서가 "수류탄이다!"라고 외치는 소리가 들렸다.

나(영부인)는 순간 대통령이 위험하다는 생각이 번쩍 들었고, 바로 대통령을 끌어내려 얼른 자동차 안으로 밀어 넣었다.

이 경사는 수류탄이 대통령의 자동차 쪽으로 굴러 들어왔는데, 다행히 불발탄이라 덕분에 우리가 살았다고 알려 주었다.

오늘 또 한 번의 위험이 우리를 스쳐 지나갔다. 아직 서울에는 공산 게릴라가 곳곳에 남아 있다.

아래는 한국군이 북한을 수복한 이후, 1950년 11월 함흥 시찰을 나갔던 날에 기록한 일지이다.

함흥 시찰 간 대통령을 기다리는 동안 나(영부인)는 내내 무척 가슴을 졸이었다.

중공군이 한국전에 참전해서 여기저기 나타났고, 또 적군과 아군의 비행기들 사이에 공중전이 워낙 치열하던 때였기 때문이다.

그런데 대통령은 사흘이 멀게 전선을 시찰하며 장병들을 격려하고 있다.

평양의 학생들이 대통령에게 북한도 하루빨리 대한민국으로 통일시켜 주고, 교수진과 교과서를 보내달라는 결의문과 진정서를 보내 왔다.

사기 진작 시찰

이승만이 전방 부대를 시찰하는 주요 목적은 당연히 장병들을 격려하고 사기를 진작시키는 것이었다.

아래는 차례로 1950년과 1952년에 이승만이 장병들에게 행한 연설이다.

"맥아더 장군의 고명한 지도하에 연합군과 우리 국군이 공산군 후방 7백 리나 되는 인천에 상륙하여, 공산군은 드디어 함몰 지경에 빠져 적색 제국주의의 괴뢰군이 전복될 날이 당도하였다.

그동안 우리 국군은 고난을 무릅쓰고 역경을 극복하면서 세계 민주 우방의 연합군과 어깨를 겨누고 결사 투쟁하여, 우리 조국을 잔인무도한 적군의 지배하에 들어가지 않게 하였으니, 이로 말미암아 세계 모든 언론이 우리를 한없이 칭송하기에 이른 것이다.

우리 국군이 이와 같이 한 것은 우리나라를 보호하려고 국민의 직책을 영광스럽게 수행한 것이나, 우리가 또 기념할 것은 우리 우방 군인들이 우리와 같이 모든 곤란을 당하면서 우리나라를 보호하고자 싸우는 것으로, 그들의 신앙은 우리나라를 보호함으로써 각각 자기 나라를 보호하는 직책을 완수함에 있는 것이다.

이제 우리의 성공은 멀지 않았다.

국군의 영광스러운 공적과 커다란 담력과 빛나는 정의로 오늘 이와 같이 성공한 것이니, 이는 우리나라가 존재하는 날까지 영구히 민족의 폐부에 새겨야 할 것이다.

우리 국군이 연합군 동지들과 합력해서 적을 분쇄하고, 그 결과로 국가의 자유와 독립과 번영을 위하여 성공을 이루었으니, 국군장병은 더욱 분투해서 앞으로 더 큰 성공이 이루기를 기다리며 부탁하는 바다.

모든 동포는 그대 장병들이 추위와 굶주림을 이겨 가면서 싸운 공적을 잊지 않을 것이다.

미국의 원조로 오늘 이만큼 된 것을 우리가 감사히 여기며, 특히 우리 청년들이 무기가 없어서 펄펄 뛰고 울던 지난날을 생각하면, 또 지금 우리 국군이 무기와 식량을 이만큼 얻게 된 것을 볼 때, 우리들이 다시금 감사히 여기는 것이다.

우리 청년들이 용감하고 싸우는 기술이 훌륭한 것이 증명되어, 지금 여기 밴플리트 장군이나 모든 우방이 우리 국군이 동양에서 부강한 군대가 되기를 원하고 또 돕고 있다.

그러므로 우리는 더욱 용기와 기술을 앙양해서 유엔군과 더불어 싸우며 더욱 향상해야 할 것이다.

우리가 지금 저 북쪽으로 8백만의 동포를 적에게 잃고 있으니, 우리 청년들이 이 사람들을 구출하고 우리 조상이 남긴 땅을 모조리 찾아서 남북통일의 평화를 찾아야 할 것이다. 이것이 오늘날 우리 청년들의 사업일 것이다.

로버트 올리버가 1951년 가을에 이승만과 전선 시찰에 동행했던 경험을 기록했는데, 젊은 사람도 힘든 일정이었는데도 이 대통령은 내내 웃음을 잃지 않고 오히려 주위 젊은 사람들을 격려했다고 한다.

부산 관저를 자동차로 출발해 차량으로 꽉 막힌 거리를 지나다가, 움직이지 않는 군용 트럭 행렬 때문에 차가 멈추었다.

부산 공항에서 우리는 쌍발기를 이용해 38선 바로 아래 중동부 전선 계곡에 임시로 마련된 비행장까지 가서, 그곳에서 다시 소형기에 나누어 탑승했다.

조종사 뒤에 겨우 한 사람이 앉게 된 좌석은 덮개도 없이 노출되어 있었다. 우리는 나무에 닿을 정도로 낮게 날아 북으로 12마일을 비행했다.

목적지에 도착한 이 대통령은 3개 사단 지휘관의 영접을 받았다. 이 대통령은 병사들에게 15분 동안 그들을 격려하는 연설을 했다.

당시 그가 시찰한 전방 부대 장병들은 한결같이 대통령의 방문으로 사기가 크게 올랐다고 증언하였다. 이 대통령은 오히려 자신의 투지와 결심을 다지는 데 크게 기여했다고 늘 말했다.

시찰에서 부산에 돌아오니 악천후로 공항이 폐쇄되어 대구로 회항하라는 명령을 받았다. 그런데 대구에 도착하니, 그곳도 짙은 구름에 덮여 있었다. 인근 활주로는 포항에 있는 소형 비행장뿐이었는데, 우리 비행기는 다행히 그곳에 착륙하였다.

이 대통령 일행이 오리라고는 아무도 몰랐기 때문에, 30분이 지나서야 몇 대의 지프차가 달려왔다. 때는 저녁 7시 30분이었다. 먹을 것은 식당에 남아 있던 야전 식사뿐이었다.

식사 후 일행은 지휘관 소령의 좁은 막사에 둘러앉아 밤 11식까지 기다리다가, 지프에 나눠타고 폭우를 뚫고 인근 역에 도착해서, 부산까지 갈 수 있었다.

이날은 혈기 왕성한 젊은이도 힘든 하루였다.

그러나 이 대통령은 내내 웃음을 잃지 않고 농담도 하면서 주위 사람들을 격려했다. 사실 전방 시찰이 힘들고 어려운 일인데도, 이 대통령은 기꺼이 이 일을 마다하지 않았다.

당시, 한 미국인이 대통령에게 국내 시찰을 위한 별도 전용기를 마련할 것을 권하자, 이승만은 '그럴 비행기가 있다면 적에게 폭탄을 퍼붓는 데 쓰겠다'고 거절했다고 한다.

시찰에 동행했던 로버트 올리버는 전방 시찰의 경우 이른 새벽이나 늦은 밤에 움직이는 경우가 많아 힘들고 어려운 일정인데도, 이 대통령이 더운 여름이나 추운 겨울에도 위험한 상황 속에서 한결같이 시찰을 다닌 것에 감탄을 표했다.

전쟁 중, 위험한 지역을 가리지 않고 전용 비행기 없이 작은 경비행기를 타고 수백 회의 전선 시찰을 다니고, 그로 인해 늘 영부인의 마음을 졸이게 한 이승만.

바위보다 더 단단한 그의 애국정신과 불굴의 국가 수호 의지를 짐작할 수 있다.

1952년, 전방 시찰 중 연설하는 이 대통령

제5장

•

북진

북진 명령은 한국 대통령 권한

9월 27일, 3개월 만에 서울에 돌아온 것을 축하하는 환도식을 중앙청에서 진행했다. 이 대통령은 환도식이 끝나자마자, 맥아더 장군에게 38선 북진을 요청했다.

그런데 맥아더는 유엔의 지시가 없었기 때문에 북진할 수 없다고 말했다.

이승만: 우리는 지체하지 말고 지금 바로 북진해야 하오. 적들은 재편성할 시간이 없을 것이고, 저항도 없을 것입니다.

맥아더: 각하, 유엔의 결정이 날 때까지 움직일 수 없습니다.

이승만: 국제연합이 이 문제를 결정할 때까지 장군은 휘하 부대를

데리고 기다릴 수가 있지만, 한국군이 밀고 올라갈 수 있는 것을 막을 사람은 아무도 없는 것 아니오? 여기는 한국군의 나라요. 장군이 우리 군대에 공중 지원을 해 준다면, 우리는 그렇게 할 수 있을 것이오. 내가 명령을 내리지 않아도 우리 국군은 북진할 것이오.

9월 30일, 이승만은 "대한민국 국군은 38선을 넘어 북진하라."라는 글씨를 써서 정일권 참모총장에게 건네주며 북진 명령을 내렸다.

국군은 유엔군 사령부의 지휘를 따라야 했지만, 이승만은 자신이 7월에 맥아더에게 자진해서 넘겨주었던 한국의 전시 작전권은 우리가 필요할 때 언제든 대통령의 권한으로 회수할 수 있는 것이라고 강조했다. 그러면서 평양은 우리 국군이 먼저 입성하고, 압록강과 두만강의 국경지대도 유엔군에 앞서 먼저 진격할 것을 지시했다.

북한군을 격퇴하면서 38선까지 회복했지만, 유엔이 38도선 이북의 공격을 망설이며 맥아더 사령관에게 공격 명령을 내리지 않고 있을 때, 이승만은 한국 대통령으로서 단독으로 국군에게 북진 명령을 내렸다.

그리고 10월 1일, 국군 3사단이 강원도 양양에서 처음으로 38선을 돌파했는데, 참고로 38선을 진격한 이날을 기념하기 위해 1956년에 이날을 '국군의 날'로 제정했다.

유엔은 1주일 뒤인 10월 7일 총회에서, '주권 국가인 한국에 자주적이고 통일된 민주 정부를 수립하도록, 유엔 감시 아래 총선거를 진행하고 한반도 통일 업무를 담당'한다는 결의안을 채택했다. 이승만과 같이 전쟁으로 한반도 통일을 결의한 것이다.

곧이어 10월 9일, 트루먼은 맥아더에게 '38선 북진을 허가'한다는 전문을 보냈고, 결국 유엔군은 한국군보다 10여 일 늦게 38선 이북 지역으로 공격을 시작하게 되었다.

국군과 유엔군은 10월 10일에 원산을 점령했고, 10월 17일에 함흥과 흥남 그리고 10월 19일에는 평양에 입성했다.

국군이 38선 이북으로 북진하던 1950년 10월, 경무대에선 당시 상황을 아래와 같이 기록했다.

1950년 10월 6일.

유엔에서 필리핀, 캐나다, 호주 대표들이 소련 블록의 제안에 정면으로 반대하면서, '유엔군은 평화통일의 길을 용이하게 하려면, 북한군의 저항을 물리치고 전 한국을 점령해야 한다'고 발표했다.

1950년 10월 11일.

북한 주민들이 북진하는 우리 국군들을 호의적으로 대해 주고, 태극기를 들고나와 환영해 주었다.

1950년 10월 18일.

동해안에서 북진 중인 국군이 유엔군에 앞서 원산, 영흥, 함흥을 해방했고, 백선엽 장군이 지휘하는 1사단과 유재흥 장군 부대가 유엔군보다 먼저 평양에 입성할 것이라고 정일권 참모총장이 밤늦게 보고했다.

이승만은 전쟁이 시작되고 나서부터 통일을 목표로 했고, 따라서 1950년 9월 유엔의 결정이 있기 전에 먼저 이북 진격을 고민 없이 지시했다. 그리고 유엔도 이어서 무력에 의한 한반도 통일을 결정하고 유엔군 사령부에 북한 공격을 명령했다.

그러나 1951년 2월, 중공군 침략으로 후퇴했던 국군이 다시 38선까지 진격하여 38선 북진을 시도할 때는, 1950년 10월과 다르게 유엔은 정책이 바뀌어 38선 북진을 더 이상 승인하지 않았다.

1951년 2월 11일.

동해안에서 국군이 38선을 넘어 양양을 탈환했다. 캐나다와 호주는 북한 입북권을 한국이 이미 보유하고 있다고 지지했고, 영국은 38선 돌파는 신중해야 한다고 제동을 걸었다.

미국은 각국의 눈치를 보며, 한국군이 38선을 북진했다는 사실을 부인했다.

이승만은 이때부터 참전하는 우방 지도자들이 한국을 구출하는 것이 참전의 목적이 아니라고 의심하기 시작했다.

평양 해방

10월 19일, 이승만 지시대로 국군이 유엔군보다 먼저 평양을 탈환했다는 보고가 들어오자, 이승만은 매우 기뻐했다.

> 자랑스러운 우리 국군들이 미군보다 먼저 평양에 입성했다고 신성모 국방 장관과 정일권 참모총장이 보고했다.
> 대통령은 "됐어! 됐어!" 하면서 너무나 기뻐했고, 대통령이 저토록 좋아하는 모습을 보니 나(영부인)도 모르게 눈물이 솟구쳤다.
> 대통령은 이른 시일 안에 평양을 직접 방문하여 시민들과 기쁨을 함께 나누겠다고 말했다.

국군이 평양을 수복하고 며칠 뒤인 10월 30일, 이승만은 위험한 상황 속에서 평양을 방문하여 많은 시민 앞에서 연설했는데, 이때는 이미 수십만의 중공군이 압록강을 몰래 건너와 교전을 하기 시작하던 때였다.

　아래는 평양 방문에 동행한 비서관이 경무대에 요약하여 보고한 이승만의 평양연설 내용이다.

　"나의 사랑하는 동포 여러분!

　우리는 단군의 후손으로 모두 한 형제요, 한 핏줄이니 다시는 서로 헤어지지 맙시다.

　한 덩어리로 굳게 뭉쳐서 공산당을 몰아내고 기어이 남북통일을 완수하여 우리 삼천리 강토에서 영원무궁토록 자유와 평화를 누리며 힘을 합해 살아갑시다.

　우리는 고대로부터 독립된 나라이니 완전무결한 독립을 찾아야 하며, 죽을 수는 있어도 자유권을 포기할 수 없으며, 더욱이 우리 민권의 자유만은 아무도 막을 수 없습니다.

　우리는 피를 흘리며 싸워서 자유 독립국을 세운 것이니, 어떤 나라든 들어와서 우리에게 이래라저래라 하지 못할 것이며, 또한 우리가 간섭받을 이유도 없고 받지도 않을 것입니다.

　남북 동포가 오직 한 덩어리가 되어 통일된 민족의 기상과 의지로 내 나라를 만들어 새 생활을 합시다.

　모두 함께 생사를 같이하며 이 강토를 우리끼리 지켜야 할 것이니 과거의 잘못은 서로 용서하고 사랑합시다. 이제는 한마음 한뜻으로 뭉치고 또 뭉쳐서, 살아도 같이 살고 죽어도 같이 죽읍시다.

4천 년을 이어 내려온 한 혈족으로서 아무리 어렵고 가난해도 있는 것은 서로 나누어 쓰고 나누어 먹으며 서로 돕고 양보하여 하나로 굳게 뭉칩시다."

한편, 평양 방문에 동행하지 못한 프란체스카가 기록한 이날 일지를 보면, 이승만이 곧 통일이 이루어질 것이라는 희망에 부풀어 얼마나 기뻤했는지 짐작할 수 있다.

평양 방문에 동행하지 못한 나는 대통령이 돌아올 때까지 마음을 졸이며 기다렸다.
바로 열흘 전까지만 해도 평양은 공산당의 아성이었기 때문에, 대통령의 안위가 몹시 걱정되었다.
태극기를 든 시민들이 만세를 부르며 대통령을 열렬히 환영했다고 한다. 연설을 마친 대통령이 군중 속으로 들어가 많은 사람들과 악수하며 껴안고 등을 두드리는 바람에, 수행했던 사람들이 무척 애쓰고 혼난 모양이다.
대통령이 무기를 숨긴 패잔병이나 공산 분자가 끼어 있을지도 모르는 군중 속에 서 있었기 때문에, 경호원들은 온 신경을 곤두세우고 식은땀을 흘렸고, 그저 무사하기를 하나님께 빌었다고들 한다.
행사를 마치고 무사히 돌아와 비행기에서 내린 대통령은, 가슴에 넘치는 기쁨과 감격을 숨기지 못한 채 순진한 소년처럼 흥분해 있었다.

대통령은 경무대 식구들에게 이제 곧 남북 동포가 함께 잘 살 수 있는 통일이 멀지 않았다고 말했다.

그리고 대통령은 식량부족이 극심한 이북 동포를 도와 정부가 할 수 있는 대책 마련에 고심했다.

전쟁으로 수확량이 감소 되어 구호미에 의존해야 하는데, 유엔과 군정 당국은 아직 식량 문제에 대한 어떤 대책도 없다.

또, 11월 중순에는 평양행 열차가 개통되어 시험 운전을 했는데, 그녀는 이날 "대통령의 기뻐하던 표정이 지금도 잊히지 않는다."라고 적고 있다.

북한 통치는 한국 권한

그런데 38선을 북진하여 북한 영토를 해방하는 것까진 좋았으나, 점령 지역의 통치를 누가 하느냐의 문제를 두고 이승만과 유엔의 의견이 대립했다.

이전에도 무기 지원이나 38선 북진 문제를 두고 이견이 있었으나,

북한 지역의 통치 권한이 한국에 없다는 결정은 이 대통령이 결코 타협하거나 더군다나 포기할 수 있는 사안이 아니었다. 이승만과 미국 유엔이 처음으로 심각하게 대립하게 되었다.

이승만은 국제연합이 한반도 유일의 자주 정부로 인정한 독립 국가의 원수로서, 자유재량을 갖고 있다고 생각했다.

따라서 한국이 점령한 북한 지역을 인수하여 통치하는 것은 당연하며, 이미 임명해 놓은 이북 5도 지사들을 통해서 민간 행정을 개시해야 한다고 생각했다.

국군이 북진을 시작한 뒤, 10월 12일 이승만은 북진하는 부대 후방에서 민심을 수습하고 행정을 담당하도록, 북한 각지의 신망 있는 인사들을 가능한 한 빨리 연고지에 배치할 것을 조병옥 장관에게 지시했다.

또 10월 12일, 유엔군이 38선 이북 북한 지역으로 진격하기 시작하자, 대통령은 맥아더 장군과 미국 국무성에 북한 지역에 대한 민심 수습과 통치는 오직 한국 정부만이 가능하다는 확고한 의견을 알리는 전문을 보내기도 했다.

그러나 10월 12일 유엔은 비밀회의를 열어, 유엔은 '한국의 권한이 북한 지역에는 미치지 못하고 남한에만 한정'하는 것으로 발표했다. 유엔군이 점령한 북한 해방 지역의 임시 민간 행정권은 한국 정부에 있는 것이 아니고, 유엔군 총사령관의 관할 아래 둔다는 제안을 가결한 것이다.

한반도 전체 총선거로 통일 한국 정부를 수립할 때까지 임시로 군정을 실시할 것이고, 한국에 파병한 각 나라의 군 대표를 북한에 설치할 민간 정부에 참여하도록 제안했다.

이승만은 이러한 결정에 대해서 분개했다. 북한 동포가 공산당의 학정에서 벗어나서 이제는 유엔군의 군정 밑에서 우방 철부지들이 휘두르는 총대에 시달리게 될 것이라고 우려했다.

10월 15일, 이승만은 맥아더에게 한국의 주권을 남한에 한정하는 유엔의 결의에 절대 반대한다는 내용의 전문을 보냈다.

"국제연합의 임시 위원회 결의(대한민국 권한은 남한에 한정되고, 북한 지역의 통치 권한이 한국에 없다)는 받아들일 수가 없습니다.

한국 국민은 유엔 한국 위원단의 감시와 협조 아래, 자기들의 자유의사에 따라 선거를 진행하고 정부를 수립한다는 양도할 수 없는 권리를 주장하는 것입니다.

그러나 외세에 의해 국민에게 강요된 바, 현 공산 조직과 협력하여 국내 정치에 간섭하려는 어떤 국가들이나 심지어 국제연합을 내버려둔다는 것은 있을 수 없습니다.

국제연합과 한국군의 귀중한 피의 희생으로 공산당을 쳐부순 지금에 와서, 유엔 임시 위원회가 북한 공산당을 보호하고 부활시키자고 제안한다는 것은 생각조차 할 수 없는 일입니다.

평화와 질서를 회복하도록 2년 전에 임명한 이북5도 지사들을 파견함으로써, 전투 행위가 끝나는 곳마다 우리 정부가 민간 행정을 인수하고 있습니다.

현지 사정이 선거 준비가 된다면, 남한 국민이 누리고 있는 시민의 권리와 특권을 북한 국민도 똑같이 누려 자유 분위기 속에서 자신들의 도지사를 뽑을 수 있습니다.

국제연합 위원회의 희망에 따라 본인은 적당한 시기에 사임할 의사가 있으나, 이번 전쟁의 유일한 목적인 공산당 문제는 해결해야 하겠습니다.

북한과 남한 국민의 뜻은 소련이나 어떤 기타 외부 세력의 영향으로부터 자유로운 가운데 성취되어야 할 것입니다.”

북한 지역 통치는 한국 권한이라는 이승만의 의견에도 불구하고, 유엔은 이승만 주장을 묵살하고 북한 지역에 유엔 군정을 시작했다.

이에 대해서 로버트 올리버, 미국 트루먼은 이승만에게 정책이나 사건 등의 정보를 극히 제한적으로 제공했고, 이승만을 주권 국가의 원수로 인정하지 않았고 또 대등하게 논의할 상대로도 여기지도 않았다고 평했다. 1947년과 같이, 주역의 한 사람을 따돌리고 무시한 채 국제적 장기판을 벌였다는 것이다.

이승만은 유엔군이 북한을 통치하는 것을 절대 수긍하지 않았고, 나아가서 한국을 도와주러 온 우방들에 대해서 어디까지 믿어야 하는지 회의가 들기 시작했다.

"동네 친구 집에 불이 나니까, 그 불을 꺼 주려고 이웃 친구들이 도와주러 왔는데, 그 대가로 집주인의 손과 발을 묶어 놓고는, 이제 그 집 살림까지 좌지우지하려는 꼴이 아닌가?
그런데도 가만있을 집주인이 어디 있어!
이런 경우, 우방을 어느 정도까지 믿어야 한단 말인가."

10월 19일, 이승만은 장면 주미대사에게 보내는 편지에서, 맥아더가 일본에서 실시하는 형태와 비슷하게 북한에서 군정 총독이 되려 한다고 말했다.

"나는 어제 무초 대사에게 많은 전직 미군정 장교들이 민간 행정을 인수하려고 북한으로 갈 목적으로 대거 입국하고 있다고 말했소.
대사는 신문보도를 믿지 말라면서, 사실과 다르다고 말했소.
나는 그것이 반드시 신문에 실린 이야기만이 아니라는 것을 입증하는 증거를 대사에게 보여 주겠노라 응수했소.
나는 한국 사람에게 미군정을 또다시 강요하는 것은 잘못이라는 점을 미국 정부에 알려 주라고 대사에게 충고했소.

자리를 뜨기 전, 그는 나에게 맥아더 장군은 내가 이북5도 도지사를 지명해 주기를 바라고 있고, 내가 고른 사람들을 장군이 임명하게 될 것이라고 덧붙였소.

맥아더는 공공연히 국제연합과 맞서기를 원치 않기 때문에, 그런 식으로 적당히 타협하는 방법이 현명한 것 같기도 하오. 이것은 법령에 정해진 대로 군 당국이 임명권을 행사하고 있는 또 하나의 증거일 것이오.

무초 대사는 38선을 돌파하기 전에 내려진 명령들은 지금 현실에 맞지 않으며, 자기 생각에 그것들은 효력이 없다고 말했소. 틀림없이 그는 실정을 알고 있으나 거기에 대해 어떻게 할 방도를 모르고 있소.

이런 일을 하는 사람은 미국 대통령도 아니고 맥아더 장군도 아니고 국무부라는 것을 우리는 알고 있소.

하지만 우리는 누군가 딴 곳에서 이 문제를 어떻게든 국제연합에 전가하여 문제를 망치려 들고 있다고 항상 이야기해야 하오.”

1950년 10월, 이승만은 올리버 고문에게, 이북 지역에서 실시할 구체적인 행정 계획들을 설명하면서, 유엔의 이북 통치 계획이 한반도를 분단하려는 소련의 계획인데, 소련의 세계대전을 피하자는 선전에 넘어가서 미국과 유엔이 소련과 타협하려 한다고 비판했다.

"한국 국민으로서 우리 정부가 북한의 해방 지역을 인수한다는 것은 당연하오. 우리는 오랫동안 5명의 도지사를 임명해 놓고 있었소. 이 사람들은 민간 행정을 개시하여 업무를 수행하고, 후일에 국민이 도지사를 선출하게 될 것이오. 그것을 마련할 법률이 지금 국회에 회부되어 있소.

대한민국은 이미 토지와 통화에 대해서 어떻게 다스릴 것인지도 계획해 놓았소. 대부분 통화는 공산당과 그 협력 분자들의 수중에 있기 때문에 화폐를 바꿀 필요가 없소. 이것은 돈이 오로지 공산당의 수중에만 있다는 것을 뜻하는 것이오.

토지에 관해서는 소련의 토지 개혁이 어떤 토지도 양도한 사실이 없기 때문에, 토지의 소유권을 입증할 수 있는 사람은 누구든지 자기 땅을 차지할 수가 있소. 북한 주민들은 지방 정부의 설립을 기대하고 있소.

10월 7일, 국제연합 결의안이 채택된 뒤, 나는 무초 미국 대사를 불러 그것을 밝히라고 요구했소. 무초는, 결의문의 뜻은 국제연합이 대한민국 참가 없이 선거를 치른다는 내용이 아니기 때문에, 전문은 발송할 필요가 없으며 내가 염려하지 않아도 된다고 주장했소. 그러나 나는 전문 발송을 고집했는데, 전문은 6일이 지나도록 워싱턴에 도착하지 않았소.

나는 이곳에 머무는 국제연합 위원단 사람들을 불러들였고, 곤란한 문제들이 일어나지 않도록 결의안 중에 문제의 부분들을 분명히 하려고 유엔 한국통일부흥 위원단 카친 총무에게 편지를 띄웠소.

유엔 임시 위원회가 회의를 열었을 때, 이들은 대한민국은 남한에 국한되며 국제연합은 북한에서 선거를 진행한다고 발표했소. 나는 이것은 하나의 타협안으로 나타났음을 알고 있었소.

임시 위원회는 북한의 모든 조직을 존속시키려는 것이오. 사실 거기 에는 오직 하나의 사회가 있을 뿐이고, 공산당에 의해 철저히 통제 되고 있다는 것은 만인이 알고 있소.

이 타협안이 받아들여진 것은, 트루먼 대통령이 세계대전을 피하려 면 소련과 타협해야 하며, 그렇지 않으면 소련이 군사력을 총동원해 서 남으로 밀고 내려올 것이라는 선동의 말을 믿기 때문이오.

태평양 전쟁을 회고하여 볼 때, 소련이 여기에 뛰어들었을 때는 전쟁 은 이미 승리했는데, 그들의 참전으로 우리가 얼마나 손해가 컸소? 지금 이 전쟁도 거의 승리했으며, 적은 무너지고 한국에서 공산당 을 몰아냈다는 사실은 누구나 인정할 것이오.

소련은 자기네 보급기지에서 너무 멀리 떨어진 전쟁을 수행할 여유 가 없고 준비도 덜 되어 있소. 그런데도 미국 사람들은 소련이 전쟁 을 개시하면 공산당에게 유리할 것처럼 말하는 선동에 많이 넘어가 있소.

소련은 자신들이 싸우기를 원하지 않고, 자기네 앞잡이들이 싸워 주기를 바라고 있소. 그들 앞잡이 북한이 패배했소. 이것이 철의 장막 뒤에 있는 공산 체제 인민들에게 심한 타격을 줄 것이오.

그래서 이자들은 북한에서 한국을 몰아내라, 북한 당국을 존속시켜라, 먼저 선거를 진행하라는 식으로 제안하고 있는 것이오.

소련이 한국을 침략한 북한군을 무장하고 훈련하고 지원한 선동자였다는 것은 더 이상 증거가 필요하지 않소.

오늘 무초 대사가 귀국할 예정인데, 틀림없이 나에게 조용히 입 다물고 있으라고 부탁할 것이 분명하오. 또 언론을 조정해서는 이 문제에 대한 진실을 왜곡시킬 것이오. 어떻게 미 군사 당국이 북한 정부를 담당하는 군정을 설치할 수가 있소?

세계대전을 피한다는 것 이상으로 미국 국민에게 호소력을 가지는 것은 없소. 이 사람들은 자기들이 어떤 대가를 치르면서 그 짓을 하고 있는지도 모르며, 전쟁은 연기되는 것이지 피할 수가 없다는 사실에 생각이 미치지 못하고 있소.

소련은 준비만 되면 언제든지 밀고 내려오게 되어 있고, 그들의 외교정책은 오랜 세월에 걸쳐 세밀히 계획되고 거기에 따라 준비가 진행되었다는 사실을 우리 모두 알고 있소.

한국 사람은 물론이고 미국인 피의 대가로, 한국을 또다시 소련에 팔아넘기려는 것은 상상조차 할 수 없는 일이오. 이것은 언어도단이오. 그러나 그들은 이 짓을 하려는 것이오.

『뉴욕 타임스』 기자가, 유엔이 북한 사람들에게 한국과 합치기를 원하는지 원치 않는지를 묻는 국민 투표를 할 계획이라는 말을 들려주었소. 나는 기자에게 북한 지역에 미군정을 설치하는 계획을 알려 주었소.

그리고 지금 한창 인기 있는 미국의 명성은 떨어지게 될 것이며, 국민은 반대 시위를 벌일 것이고, 지금은 트루먼 대통령과 맥아더 장군을 우러러보지만, 앞으로는 국민의 신망을 잃게 될 것이라고 말해 주었소."

이승만은 미국이 소련의 의도와 목적을 파악하지 못하고 세계대전을 피하자는 소련의 교묘한 선전 선동에 넘어갔다면서, 그들의 정책과 태도를 지적했다.

그는 북한 지역에서 유엔이 군정을 실시한다면, 해방 후 미군정 당시의 남한과 같은 혼란한 상황이 또 발생하고, 공산 분자들은 다시 활개를 칠 것이며 사회는 극도로 불안정한 상태가 될 것으로 예상했다.

북한 지역 통행은 한국인 권한

한편, 한국 정부가 북한 주민의 요청으로 평양에 경찰을 파견했는데, 중간에 미군이 한국 경찰을 막아서 평양에 가지 못하고 되돌아오는 일이 발생했다.

이에 이승만은 무초 대사를 불러 강하게 항의했다.

이승만: 그자들이 여기가 감히 어디라고 그따위 짓을 해!
기어이 탯덩이 녀석(처치 장군)을 정신 차리게 해 주겠어!

대통령은 워커 장군에게 항의하려고 했는데, 워커 장군은 일본에
가고 없었다.
대통령은 뒤뜰로 나가서 한참 동안 장작을 패면서 화를 가라앉혔
다. 어느 정도 화가 식은 대통령은 대신 무초 대사를 불렀다.

이승만: 미국 사람들이 자신들이 있는 곳이면 어디라도, 한국인은
들어오지 못한다고 생각한다면, 그것은 대단히 잘못된 생각이오.
처치 장군이 북한 주민들이 요청해서 우리가 파견한 경찰을 막았
다는 사실을 우리 국민이 알게 되면, 가만히 있지 않을 것이오. 이
사실을 즉시 워커나 맥아더에게 알리시오.
무초: 미군이 한국 경찰을 막아선 것은 필경 무슨 이유가 있을지
모릅니다.
이승만: 우리나라 땅 안에서, 우리에게 어디로 가라, 또 어디는 가지
말라고 명령하는 자가 과연 누구란 말이오? 나는 대한민국을 남한
에 국한시키겠다는 유엔의 결의는 결단코 받아들일 수가 없소이다.

북한 주민들은 공산당의 선전으로 미국인과 유엔에 대한 불신과 의심이 크고 가정과 사회가 불안정하자, 한국 정부에 자신들을 보호해 줄 경찰을 보내달라고 호소했고, 이승만은 즉시 2백 명의 경찰을 평양으로 파견하도록 지시했었다.

그런데 도중에 미 24사단(사단장 처치 장군)의 관할 지역인 해주에서 한국 경찰은 평양으로 들어갈 수 없다고 막는 바람에 평양으로 못 가고 되돌아온 데 대해서, 이승만이 미 8군 사령관 워커 장군 대신 무초 대사를 불러 매우 흥분하여 항의했던 것이다.

이튿날인 10월 25일, 이승만은 이 일과 관련하여 장면 주미대사에게 정황을 설명하는 서한을 보냈다.

> "공산당이 주민들에게 미국 사람과 유엔이 자기들을 죽이러 온다고 말했기 때문에, 도시(평양)는 거의 텅 비어 있었소.
> 그들이 '어째서 이렇게 많은 미국 사람이 평양에 있으며, 그들은 왜 우리 정부를 빼앗았소?'라고 물었소.
> 공산당이 한국을 집어삼키려는 외국 사람들이 쏟아져 들어올 것이라고 말했기 때문에, 사람들은 외국인에 대해 아주 의심을 많이 품고 있었소.
> 이들은 미국 사람보다 한국 대통령이 왜 안 왔냐고 물었고, 우리 장관들이 북한 사람들에게 앞으로 곧 대통령이 올 것이라고 말했지

만, 그들은 미국 사람들에 대해서 여전히 의심을 풀지 않았소.

아무리 길거나 짧은 과도기라 할지라도, 이것이야말로 미국인이 민간 행정을 맡아서는 안 된다고 내가 주장하는 또 하나의 이유요.

북한에서는 한국은 미국이나 유엔의 괴뢰에 지나지 않는다고 너무나도 철저히 가르쳤기 때문에, 해방된 지역에 한국 권한이 즉각 미치도록 하는 것 이외에 다른 방법은 소용이 없는 것이오.

바로 어제, 우리는 평양으로 파견된 2백 명의 경찰 병력이, 해주에서 제24군단에 의해서 저지당했다는 보고를 받았소.

거기에는 한국에 온 일이 없고, 한국인의 벗이 될 리도 없는 처치 장군이 지배하는 미군 지역이오. 우리는 워커 장군에게 항의하려고 했으나 그는 오늘 아침 일본에 가고 없어서, 뜻을 이루지 못했소.

미국 사람들이 자기들이 있는 곳이면 어디라도, 한국 사람은 들어오지 못한다고 생각한다면, 그것은 잘못된 생각이오.

무초 대사는 내가 국제연합을 무시하는 선언을 발표했다는 미국 정부의 전문을 보여 주었소. 나는 이런 성명을 발표한 사실이 없다고 무초에게 말했소.

그리고 대사에게 맥아더 장군이나 국무부로부터 비밀로도 좋고 공개적으로도 좋고, 북한에서 활약 중인 대한민국을 간섭하지 않겠다는 문서상의 보장을 받아 달라고 요구했으나, 거기에 대해 지금까지 대답이 없소.

나는 그에게 대한민국을 남한에 국한하는 임시 위원회 결의는 받아들일 수 없다고 말했소.

나는 아무래도 자리를 물러나 우리 국민에게 그 이유를 밝혀야 할까 보오.

나는 차라리 내부에서보다 밖에서 싸우며 배은망덕한 사람이라고 낙인찍히는 것이 더 낫겠소.

나는 어떤 국가의 앞잡이나 꼭두각시가 되어 나라를 팔아먹는 자가 되지는 않겠소.

만일 미국이나 유엔 당국의 협력으로, 대한민국이 북한에서 기능을 개시한다면 국민의 마음을 가라앉히게 될 것이오. 그러나 그들이 만일 어떤 종류의 행정을 실시하려고 고집한다면, 그것은 국민을 혼란에 빠뜨리게 할 것이며 우리는 이것을 용서하지 않을 것이오.

나는 무초에게, 이 나라 안에서 우리에게 어디로 가라 또 무엇을 하라고 명령하는 자가 과연 누구냐고 물으면서, 화를 내고 언성을 높였소.

미국 사람들이 우리 국군과 유엔군이 생명을 바쳐서 싸워 없애려고 한 38도선을 다시 설치하려고 하고 있소."

이승만의 주장에도 불구하고 북한 해방 지역은 유엔군이 군정을 실시했고, 미군정 군인들이 한국 정부에서 파견한 행정관리들을 밀어내고, 북한에 갔던 한국 측 여러 인사들이 활약하지 못하도록 방해했다.

이승만이 '대한민국을 남한에 국한 시키겠다는 유엔의 결의는 결단코 받아들일 수가 없다'고 누차 강하게 반발했지만, 맥아더는 '국제연합에서 북한 처리 문제가 결정될 때까지 유엔군이 북한 지역을 수복한 상태로 통치한다'는 작전명령을 발표했다.

이승만은 이 명령을 받아들이느니 차라리 물러나겠다고 말할 정도로 한 치도 양보하지 않았다.

그러나 이승만의 반대와 분노에도 불구하고, 한국의 주권이 북한에는 미치지 않는다는 유엔의 결정으로, 미군은 한국 대통령과 군인의 북한 지역 통행조차 자유롭게 허가하지 않았다.

북한 통치는커녕 한국 대통령인 이승만조차 북한 점령 지역 어느 곳도 자유로 통행할 수 없게 제약을 받았다.

유엔군은 이승만이 해방된 북한 지역을 시찰하려면 사전에 승인을 받으라고 명령했는데, 미군은 원산을 방문하려는 이승만에게 서면으로 허가서를 제출하라고 요구했고, 또 평양을 방문하길 원하는 이승만에게는 아직 전투가 진행 중인 동안은 평양 방문을 삼가달라는 건의를 했다.

그러나 이승만은 어떤 일이 있더라도 평양은 꼭 방문할 것이라고 말했고, 원산 방문에 이어 10월 30일에는 아직 완전하게 안전하지 않은 평양을 방문했던 것이다.

그런데, 북한 통치를 둘러싼 이승만과 미국·유엔의 치열하고 심각한 논쟁과 싸움은 중국 공산군이 압록강을 건너 침략에 가세하면서 공허하게 끝나 버렸다.

이후 1951년 국군과 유엔군이 다시 북진하여 38선 부근까지 회복했을 때는, 유엔이 더 이상 38도선 북진을 허가하지 않았다. 그렇기 때문에, 북한 지역에 대한 통치 문제를 둘러싸고 대립이 생길 기회는 더 이상 없었다.

그러나 중공군 침략 이후에는, 북한 지역의 통치 주체에서 북한의 공격 여부로 쟁점이 바뀌었을 뿐, 미국 유엔과 이승만의 대립과 갈등은 더 심각하고 더 깊어져 갔고 전쟁이 끝나는 순간까지 계속 이어졌다.

이승만은 휴전과 분단을 절대 반대하고 북진하여 통일하는 것 외에 그 어떤 공산주의자와 타협과 굴복을 반대했다. 유엔은 서둘러 공산 세력과 타협하고 휴전하여 38선을 복구하는 것으로 전쟁을 끝내고자 하였기 때문이다.

덧붙이면, 결과적으로 없던 일로 되었다고 해서, 당시 3개월 동안 이승만이 투쟁했던 사실까지 아예 없었던 것으로 되는 건 아닐 것이다.

비록 공허하게 끝나 버렸지만, 외세의 통치로부터 38선 이북의 한반도 전체를 한국 주권이 미치는 영토로서 지키려고 했던 그의 필사적인 국가 수호 의지와 노력은 높이 평가할 만하다.

미국과 유엔이 하는 대로 두었다면, 수많은 한국군의 희생으로도 되찾은 북한 영토의 주권을 고스란히 외세에 내어주는 꼴이었다. 그런데 이승만은 이에 맞서 발 빠르게 실천하고 권리 주장을 당당하게 함으로써, 비록 유엔의 결정을 바꾸지는 못했지만, 외세로부터 전체 한국인의 주권을 지키려고 싸웠기 때문이다.

참고로, 당시 평양을 다녀온 각료들과 장군들이 경무대에 보고한 내용에 따르면, 김성주의 집무실은 대단히 호화롭고 사치스러웠는데, 다른 한편으론 북한이 소련의 위성국가임을 완벽하게 증명하는 것이었다.

방마다 스탈린의 초상이 걸려 있었는데, 그의 집무실은 스탈린 초상이 걸린 4개의 방을 거쳐야만 들어갈 수 있었다.

집무실 안은 값비싼 양탄자와 값비싼 고급 가구로 가득했는데, 크고 위압적인 마호가니 책상이 있었고, 책상 앞에는 김성주와 스탈린의 흉상이 나란히 놓여 있었다.

또, 심지어 김성주의 방공호도 사치스러웠는데, 그 안에는 오르간이 있고, 축음기가 갖추어진 음악실이 있고, 방공호 한옆에는 이발실까지 갖추어져 있었다.

한편, 평양 시내 소련 대사관 주위에 있는 소련 장교 주택 창고에는, 포도주와 보드카와 캐비어 같은 고급 음식과 화장품 등 값비싼 물건들이 가득 차 있었다.

1950년. 수도 서울 환도식에서 맥아더와 이 대통령.

제6장

•

중공군 침략

침략자 중공

모택동은 1949년부터 중국 내전에서 풍부한 실전 경험을 쌓은 조선족 4만여 명을 북한에 파견하여 병력 지원을 했다.

따라서 중국군은 1950년 10월 압록강을 건너기 전인 6월 25일 전쟁 시작 처음부터, 이미 북한군과 연합군 형태로 남침을 해 온 사실상의 한국 침략자였던 셈이다.

그런데 국군과 유엔군이 38선 이북으로 진격하여 압록강에 도착하여 한반도 통일이 눈앞에 온 순간, 1950년 10월 9일, 중국은 우리는 '미국의 침략 위협에 맞설 것'이라고 공공연히 밝히고, 10월 19일부터 중국군을 압록강 건너로 기습적이고 은밀하게 침투시키면서 이젠 공개적으로 한국 침략에 가세했다.

국군은 10월 26일 압록강까지 진격했다.

따라서 국군이 압록강 물을 수통에 담기도 전인 19일부터 중공군이 몰래 압록강 다리를 건넜던 것인데, 미군 정보국은 이를 파악하지 못했다.

국군이 압록강 변에서 중공군에게 기습 공격을 당했다는 보고를 했으나 맥아더 사령부는 대수롭지 않은 것으로 무시했다. 더군다나 미 공군 정찰기들은 아예 중공군의 대이동을 전혀 탐지하지 못했으며, 나아가 맥아더는 중공의 침략 가능성은 없을 것이라고 오판했다. 그러면서 1주일 사이 중공군 60만 명의 대규모 병력이 압록강을 몰래 건너와 압록강 변에서 국군과 간헐적인 교전을 시작하도록, 수십만 중국 공산군의 도강을 인지조차 하지 못했다.

10월 25일에야 맥아더는 '만주로부터 대규모 병력과 군수품이 압록강 위에 놓인 모든 교각을 통해 쏟아져 들어'온다는 전문을 쳤다. 그리고 적군의 이동을 막기 위해 압록강 다리와 만주 지역의 군사 거점 시설들을 폭격하도록 허가해 달라고 요청했다.

하지만, 중공과 소련의 개입으로 전쟁이 확전되는 것을 우려한 미국 당국은 맥아더의 요청을 승인하지 않았다.

미국은 11월 7일에야 '교량의 북한 쪽 끝부분'만 폭격하도록 허용했다. 따라서 유엔군은 압록강 다리의 북한 쪽 일부만 폭격해야 했다.

또, 맥아더는 중공군 비행기가 뜨는 만주의 비행장을 폭격하도록 허가해 달라고 요청했다. 그러나 미국은 '압록강 북한 쪽에서 군사행동은 자유이나, 중국 영토의 어떤 목표물도 절대 폭격하지 말라'고 지시했다.

이후에도 미국은 중국 영토 내의 발전시설이나 비행장 폭격을 허가하지 않았다. 따라서 후퇴하는 중공군이 국경을 넘어 만주로 들어가면 어떤 경우에라도 국경선을 넘어서는 추격이나 공격을 할 수 없었으니, 유엔군은 손발이 묶인 채 적의 공격을 맞서야 하는 형편이었다.

미국이 폭격 허가를 지연시키고 방어를 소극적으로 하는 탓에, 수십만 대규모 중공군의 이동과 공격을 재빨리 신속하고 효과적으로 봉쇄하지 못했고, 이에 국군과 유엔군은 압록강에서부터 다시 후퇴의 후퇴를 거듭하기 시작했다.

국군이 평양에 이어 유엔군보다 먼저 압록강에 도착하자 이젠 통일이 멀지 않았다고 기뻐했던 이승만은, 미처 며칠 기뻐할 새도 없이 곧이어 중공군이 침략했다는 보고를 받았다.

1950년 11월 초, 중공군이 인해전술로 밀고 내려오기 시작했을 때, 이승만은 중국 공산군에 대한 미국의 안이한 대응과 무시 그리고 군사 전술에 대해서 불만스러워했다.

"우리 국방부는 미국 사람들에게 총공세에 대비한 방위선이 너무

엷다고 경고했소. 우리는 20만 명의 공산군을 앞에 두고 있소. 그러나 미군은 지금 적의 저항도 없고, 중공군이 그렇게 많지도 않다고 주장했소.

우리는 무슨 이유로 미국인들이 중공군의 규모를 과소평가하는지 도무지 이해하기 어렵소.

모든 계획은 도쿄에서 이루어지고 우리는 이를 따를 수밖에 없는데, 총공세는 시작되었소.

우리가 싸움을 시작만 한다면 문제 될 것이 없다고 한 맥아더의 말은 옳소. 공산군은 언제나 수적으로 더 많고 오래 기다릴수록 더 많은 인원을 끌어들일 테니까 말이오.

우리는 38도선을 넘어도 좋다는 승인을 얻기까지 1주일을 서울에서 기다렸소. 우리는 더 북진을 계속하려고 또다시 청양에서 기다렸소. 그리고 미국 선거에서 민주당에 이용되지 않게 중공군의 출현을 선거일까지 발표하지 않았소.

이러한 모든 시간상의 손실은 미군이 한국군과 속도를 맞출 수 없었던 원인이오.

그들은 견고한 하나의 전선을 이루며 북진해야 했소. 제10군단과 8군단이 자기들대로 따로따로 싸울 것이 아니라, 서로가 연락을 끊지 말고 소탕 작전을 폈어야 옳았소.

혹한의 날씨가 찾아들기 전에 우리 군대가 국경선까지 북진할 수 없게 만든 하나의 비통한 사실을 지적하는 것뿐이오.

이제는 강물이 얼어 버려 다리가 없어도 적군이 어디든 원하는 곳
으로 넘어올 수 있게 기회를 준 것이 되었소."

중공군은 파죽지세로 밀고 내려와 1월 초 서울이 함락되었고, 그들
은 북한군처럼 서울에서 1주일을 지체하는 전술적 실수를 범하지 않
고 곧바로 수원까지 남진했다.

이승만은 올리버 고문에게 보내는 비밀 편지에서, 당시 위급한 상
황에서 미군이 취하는 태도를 비난했다.

"유엔군은 싸움도 아니하고 철수하고 있고, 한국군은 철수를 원치
않기 때문에 지금 정세는 무질서와 혼란에 빠져있소. 한국군은 유
엔 산하에 속해 있기 때문에 고립되지 않으려면 유엔군을 따라야
하오.

평양 시민들이 떠나기를 원하나 군 당국은 그것을 허가하지 않았
소. 도지사의 압력으로 그들은 교량을 폭파하기 전에 약 10만 명을
건너게 했소.

서울 주민들은 남하하고 있으며 상점은 닫히고 그들은 자기네 직
원들을 시외로 실어 내려고 비행기를 들여보내고 있소.

미군이 싸우지 않고 철수 중인 사실이 보여 주듯이, 미국 정부의
우유부단한 태도는 유엔과 미국의 명예를 더럽히고 있소.

동해안의 우리 사단이 중부 전선의 우리 부대와 합류한다면, 밀고 내려오는 공산군과 싸우기에 충분할 만큼 강력할 것이지만, 아직 합류할 입장이 못 되오. 중공군은 지금 후방에 있고 4만 혹 6만의 북한군이 남으로 이동하고 있소.”

중공군이 침략한 이래 유엔군이 한없이 후퇴만 거듭하자, 이승만은 유엔이 중국군에 대해 적극적으로 방어 공격하지 않고, 한국군에게 무기를 지급하지 않는 것을 불만스러워했고, 또 유엔의 관리 능력도 회의적으로 평가했다.

“중공군이 1개월 전 한국을 침공해 들어온 이래, 매일 수천의 인명 이 전선 전방 양측에서 희생되었소.
수백만의 남북한 국민이 자기네 집에서 쫓겨나 들로, 산으로, 도처 에서 방황하며 추위와 굶주림에 무수히 죽어 가고 있는 판국에, 아 직도 국제연합은 무의미한 결의안에 골몰하고 있소.
유엔군은 불안에 떨고 있소. 이들은 국경선 지역으로부터 철수하여 평양, 개성 그리고 서울을 저항도 하지 않고 양도했고, 이제 적군은 수원까지 내려왔소. 개성과 서울 두 도시는 거의 비어 있소.
적군이 진격해 온 지금까지 속도대로 한다면 그들이 대구와 부산에 이르는 것은 시간이 얼마 걸리지 않을 것이오.

유엔은 평양시 외곽에서 한 것처럼 서울 김포 다른 장소에 쌓아 두었던 전쟁물자들을 모두 불태워 버렸소. 서울 이남의 다수 전략적 위치에 저장되어 있는 미곡들도 적군에 의해 노획될 위험에 있소. 그런데도 불쌍한 피난민들은, 유엔군이 중공군이 한반도를 점령하게 내버려두지 않을 것이라 믿고 있고, 또 유엔이 되지도 않는 수작을 지껄이면서 적군이 마음대로 빠르게 내려오도록 내버려두고 있다는 사실도 모른 채, 부산이 자기네 생명을 보존해 줄 안전한 곳이라 믿고 있소."

유엔의 정책이 무엇이든 간에, 수십만의 대규모 중국 공산군이 물 밀듯이 한반도 남쪽으로 공격해 내려오는 상황에서도, 이승만은 이번에도 한국은 공산군에게 항복하지 않고 끝까지 싸울 것임을 올리버에게 누차 강조했다.

"(내가 38도선을 원 상태로 부활시키려고 하는 타협안을 받아들일 뜻이 있다고 말하는 사람들에 대해서) 우리에게 타협은 있을 수 없소.
귀하는 나의 신조와 내가 처한 상황을 잘 알 것이오.
우리 계획에 타협 따위는 들어 있지 않소."

"우리는 끝까지 싸우다 죽든가 아니면 적을 쳐부수고 전멸시킬 것이오.

이것이 우리들의 결심이며 유엔은 여기에 반대할 아무 이유도 없기를 바라오. 그들은 이번 동란과 같은 세계적 위기를 다루어 나갈 능력이 없음을 입증했소.

지금이라도 국제연합이 이런 상황을 타개하길 원한다면, 맥아더 장군에게 필요한 무기를 사용할 권한을 주어야 할 것이오.

지금 그렇게 하지 못하면, 민주주의에 등을 돌려 소련을 지원했다는 비난을 면할 수 없을 것이오."

모택동 공산당이 내전에서 승리하여 중국 본토를 장악하고 공산주의 나라를 세운 지 갓 1년밖에 안 되었던 때. 게다가 미군에 비교하여 군사 무기가 형편없이 뒤떨어졌던 상황. 그럼에도 불구하고 중공이 당시 최강의 미국을 상대로 한국 땅에서 전쟁을 치르려고 침략한 배경이 여하한 것이었든, 중국 공산당의 '미국의 침략 위협에 맞선다'는 주장은, 북한의 남침이 엄연한 사실이고 한국군과 유엔군은 중국 땅 1센티도 공격하지 않았던 사실에 비추어 명백한 언어도단이며 자신들의 침략 행위를 정당화하려는 자국민 선동의 말이다.

북한군을 지원하려고 중공군이 압록강을 도강한 것은 명백한 대한민국 침략이다. 결과적으로 모택동의 개입으로 거의 이루어졌던 한반도 통일이 물거품이 된 것은 물론이거니와, 그 이후 전쟁이 장기전으로 되어 한국의 산하는 피바다가 되고 한국인이 도륙되었다.

따라서 6·25전쟁이 그토록 크고 엄청난 희생과 파괴를 치르고도 38선을 없애지 못하고 다시 분단 상태로 종결되게 된 직접적인 원인은, 바로 중국 모택동이나 다름없다.

한편, 유엔은 12월 14일, 휴전을 모색하는 휴전위원회 설치안을 51대 5로 채택했다. 유엔은 중공군의 참전으로 전세가 불리해지고 어려워지자, 1950년 10월에 목표로 했던 통일에서 두달 만에 분단으로 바꾸었다.

이승만은 유엔의 이 결정을 반대했다.

그는 중공군을 압록강 너머로 완전히 몰아내지 않고는 절대 휴전을 인정하지 않고, 통일 이외에는 다른 어떤 것도 전쟁의 대가로 수긍하지 않겠다고 말했다.

그런데 이승만은 당초 10월 7일에 유엔이 결의한 '한반도 통일'을 계속 견지했던 것이고, 정책을 바꾸어 공산주의 침략자들과 타협을 시도한 것은 미국과 유엔이었다.

1951년 2월 1일, 국제연합 총회에서 중공을 '침략자'로 규정짓는 결의문을 채택했다.

다만, '중공을 용서하고, 앞으로 교섭이 진행되는 동안은 침략자를 응징하는 어떤 조치도 취하지 않는다'는 수정안으로 통과가 되었던 것인데, 그럼에도 공산국가와 그들의 동맹국들 그리고 중동 국가 등 소위 3세계 중립국들은 이 결의를 반대했다.

여하튼, 유엔의 이 결의로 맥아더는 그들의 진격을 막고 공격할 권한을 얻게 되었고, 유엔군 사령부에서는 이승만에게 '자신들은 이제 싸울 준비가 되었다'고 알려오자, 이승만은 올리버에게 다소 안심하고 미군을 지원하는 발언을 했다.

"미국과 국제연합 계획에 대해서 내가 반대 운동을 전개시키면서 주장해 온 일들은 이젠 잊어버리시오.
이 사람들이 이제는 싸울 준비가 되었으니, 그들을 지원해 줍시다."

그럼에도 불구하고 미국은 지상군의 증원 요청을 거절하고, 침략자 중국 영토(만주)의 군사 시설에 대한 폭격을 계속 허가하지 않으면서, 이승만의 바람대로 중공군을 압록강 밖으로 몰아내지 못한 채, 곧이어 공산 측에서 제안한 회담과 타협으로 전쟁을 끝내려는 쪽으로 선회했다.

중공군을 압록강 너머로

중국 공산군이 침략에 가세한 뒤로, 유엔이 1950년 10월에 결의한 한반도 통일 목표를 38도선을 다시 원상 복귀시키는 휴전으로 선회했다. 그러자 이승만은 이 결정을 강력하게 반발하여, 중공군의 완전한 격퇴 없이 타협으로 다시 분단 상태로 되돌리며 전쟁을 끝낼 수 없다고 공공연하게 주장했다.

그는 공산주의의 위선과 위험성을 1920년대 진즉에 간파했었다. 기왕에 북한이 38선을 없애고 침략한 이번 기회에 통일을 이루지 못하고 다시 분단 상태로 되돌아간다면, 그리하여 공산주의 세력에게 시간을 준다면, 장차 공산주의 세력들이 한국의 미래에 더 큰 위협이 되리라 확신했기 때문이다.

이승만은 평소 공산주의를 콜레라와 같은 질병으로 비유했고, 또 공산주의를 '지구상에 존재했던 최고의 진정한 독재정치 체제'라고 비판했다. 따라서 인간은 공산주의 콜레라와 타협할 수 없다는 것이 그의 지론이었다.

당시 세계질서는 공산주의와 자유주의 세계로 재편되기 시작했다. 그러나 아직 냉전이 확고하게 굳어지기 전이었다. 더구나 소련의 위성국가들이 동유럽에서 연이어 세워졌고, 아시아에서도 몽골, 중국, 북한, 그리고 베트남, 캄보디아, 버마 등 동남아 나라들이 공산국가로 뒤덮이며 마르크스 레닌주의가 휘몰아치던 시기였다.

이승만의 한 치의 타협 없는 反공산주의 목소리는 자유 민주의 나라 미국조차 극우니, 고집쟁이니 하면서 불편해했다.

미국은 불과 얼마 전까지 소련과 동맹 관계로 세계대전을 치렀기 때문에, 한국을 침략한 모든 배후인 소련이 세계 평화와 안전이라는 선동으로 협상으로 해결하자고 제안하는 휴전안을 서둘러 받아들이고 있었다.

미국이 10월에 결의했던 한반도의 통일을 포기하고 침략자들과 타협하는 휴전으로 결정을 바꾸는 과정에서, 미국 국내의 반전 여론이나 소련 공산당 첩자 등이 얼마만큼 영향을 끼쳤는지 모른다. 하지만 분명한 것은 이승만의 공산주의 평가가 옳았고 정확했음을 역사가 증명해 주었다는 것이다.

이어서, 1951년 4월에는 맥아더 장군이 해임되었다.

맥아더는 이승만과 마찬가지로 공산 세력에 대한 유화 정책이 자살 행위라며 미국과 유엔의 태도에 비판적이었다. 또한 한반도 영토 안으로 전쟁을 국한하여 침략자 중국 영토를 공격하지 못하도록 하는 유엔의 정책을 버리고 아시아에서 공산주의 침략자들과 맞서 전면 전쟁을 해야 한다고 요구했었다.

중공이 먼저 국경을 넘어 침략해 왔는데, 침략자 영토를 공격하지 않고 한반도 땅 안에서만 싸우는 것은 세계대전을 피한다는 명분은 있으나 군사 전략상으로는 불리할뿐더러 자살 정책이었다.

맥아더는 이 점을 지적하여, 전쟁을 승리로 이끌기 위한 전략을 제시했던 것이다. 그런데 트루먼은 미국이 전쟁에서 승리를 이룩하는 쪽이 아니라, 반대로 그를 해임했다.

올리버는 맥아더 해임은 해방 직후에 이어서 미국이 소련과의 타협으로 한반도에 또다시 38선을 그으려는 분명하고 확고한 신호였다고 진단했다.

맥아더와 이승만의 승리 전략에도 불구하고, 당시 한국의 운명은 한국의 손에 있는 것이 아니라 미국과 유엔에 달려 있었다. 그러므로, 이승만은 무기와 병력이 부족한 한국은 오로지 맨몸으로라도 결사 항전의 각오로 싸워 지키는 것만이 나라를 수호하는 길이라고 시종일관 국민을 독려했다.

중공군이 한참 밀고 내려오던 12월 25일, 이승만은 국민에게 특별 성명을 발표했다.

"우리가 맹세코 죽기를 각오하고 싸우면 중공군을 완전히 물리칠 수 있을 것입니다. 중공군은 북한 공산군에 비해서 힘이 없다는 것을 우리 국군들이 직접 싸워 봐서 알고 있습니다.

우리 역사에 중국의 침략을 받은 것이 한두 번이 아니지만, 그때마다 뭉쳐서 싸워 이겨 내어 모두 몰아내었습니다.

함부로 남을 업신여기는 것은 아니지만, 중공군은 무서워할 것이 없습니다. 우리가 모두 일어나서 국군과 방위대를 도와 맹렬히 싸우기만 하면, 중공군은 무찌를 수 있으니 두려워할 것이 없습니다. 그러므로 용기와 힘을 발휘해서 공산 침략자들을 타도하여, 우리의 먼 조상 때부터 내려온 영광스러운 역사를 계승하고, 다시 북진하여 통일을 완수하도록 다 같이 싸우며 전진해 나갑시다."

이승만이 전쟁 초기부터 유엔에 강력하게 요구한 사안이 무기였다. 한국군을 무장시켜 싸울 수 있는 강한 군대로 만들면, 당연히 한국군이 외국 장병보다 뛰어난 전투력을 발휘할 것으로 믿었다.

그러나 유엔은 훈련받지 않은 한국군에게 소총과 무기를 선뜻 제공하지 않았다.

1951년 1월, 대규모 중공군이 침략에 가세한 뒤로 다시 전선이 한없이 남쪽으로 후퇴를 거듭하자, 이승만은 트루먼에게 한국 군인을 무장시킬 수 있는 무기를 간곡하게 요청했다.

"1개월 전 중공 오랑캐의 침략 이후, 유엔군은 북방 국경선에서부터 계속 후퇴하여 지금은 적군이 수원까지 내려와 있습니다. 적군이 지금과 같은 속도로 내려오게 내버려둔다면 그들은 짧은 시간 안에 대구와 부산에 이르게 될 것입니다.

그 결과 우리 한국 사람들에게 닥칠 일은 너무나 무서운 것입니다. 또 이러한 참화가 공산당의 한국 침략을 막으려고 용기 있게 노력해 온 각하와 다른 지도자들에게 미치게 될 광범위한 영향입니다. 그들은 그 책임을 모두 각하에게 돌리려고 할 것이고, 소련과 전 세계의 소련 괴뢰들은 승리의 환성을 올릴 것입니다. 유엔은 또 하나의 세계대전으로부터 자신은 물론 다른 어느 나라도 구원할 수 없고, 이 전쟁을 더욱 비참하게 만들 뿐입니다.

이런 사태를 구해 내려면 우리들은 우리의 전력을 다하여 지금 공산 침략자들을 때려 부수어야 합니다. 한국인들에게 무기를 대주고 그들의 유격 전술에 따라 전쟁을 수행하도록 허용해 주십시오. 또 맥아더 장군에게 공산 침략을 어디서나 막을 수 있는 무기와 심지어는 원자탄마저도 사용할 수 있게 권한을 주어야 합니다.

모스크바에 폭탄 몇 개 떨어뜨리는 것만으로도 공산 세계를 뒤흔들어 놓을 수 있을 것입니다.”

1951년 1월, 워커 장군 후임으로 부임한 리지웨이 미8군 사령관을 만난 자리에서도, 이승만은 그에게 일본이 아니라 왜 한국군에게 무기를 제공해야 하는지에 관하여 설명했는데, 미국의 오락가락 정책과 한국을 제외하고 일본을 다시 무장시키는 오류를 범하지 말라고 지적하는 부분은 특히 눈여겨볼 대목이다.

"리지웨이 장군, 귀하는 왜 싸울 준비가 되고 훈련된 한국 청년들을 무장시키지 않소? 왜 50만 한국 청년들을 공산당과 싸울 수 있도록 무장시키지 않소?

미국은 우리가 언제가 뒤에서 당신들을 칼로 찌를 것이라고 걱정할 필요가 없소. 군사원조도 받지 못하고 자신의 생명을 바쳐서 공산군과 성공적으로 싸워 온 나라는 오직 한국뿐이오.

귀하는 왜 한국 청년들을 제쳐놓고, 대신에 일본을 또다시 무장시켜 열강으로 만들려고 하오?

우리 한국은 물론이거니와 필리핀, 태국과 다른 아시아 나라들도 일본에 대해서 의구심을 갖고 보고 있소이다.

우리는 일본에게 쓰라린 경험을 당해 왔소. 우리는 일본사람들이 러시아와 싸울 수 있게 우리 땅을 통과시켜 주었더니, 그들은 그 뒤로 우리 땅을 떠나지 않았소.

그들은 오히려 미국의 도움을 받아 한국에 머무르며 40년 동안 한반도를 점령했소.

1905년에 러시아와 싸울 수 있게 일본의 군비를 증강시켜 준 사람들이 바로 당신들 미국이오. 그리고 2차 세계대전 중에는 당신네는 이번에는 일본과 싸우도록 러시아의 군비를 증강시켜 주었소이다.

그런데 이제는 또다시 일본의 군사력을 강화시켜 주려고 하오.

러시아나 일본이나 그들 야망대로 남의 나라를 정복하려고, 둘 다 한국을 필요로 하고 있소. 왜냐하면, 겨울에도 얼지 않는 부동항과 쌀과 광물 등이 그들에게 필요하기 때문이오.

당신들은 언제나 한국이 아시아의 관건이라는 사실을 똑바로 보지 않으며, 또 이 두 나라가 그로 인해 전쟁에 휘말렸던 사실을 제대로 보지 못하고 있는 것이오.

귀국은 극동에서 한국을 강력한 보루로 만들어 이 두 세력을 견제하려 들지 않고, 우리의 적들만 부추기고 있는 꼴이오.

일본 군대는 이미 공산주의자들에게 장악되었소. 만약 당신들이 한국전쟁에서 패하거나 철수한다면 당신들은 일본 공산당을 막을 수 없을 것이오.

내 말을 명심하여 들으시오.

그러나 만일 당신이 우리의 청년들을 훈련하고 무장시킨다면, 절대로 후회하지 않을 것이오."

55개 도시 중 52개 사라짐

1953년 정전 협정을 하는 순간까지 이승만은 "중공군이 있는 한 평화나 휴전은 있을 수 없다."라고 했고, "중공군을 압록강 너머로 철퇴시키지 않고는 평화는 없다."라고 말했다.

한국인이 치른 대비극과 희생의 대가로 분단은 절대 받아들일 수 없으며, 유엔이 싸우지 않으면 앞으로는 우리라도 단독으로 싸우겠다고 공공연히 발표했다.

"유엔군이 한만 국경까지에 도달한 후 한국에서 철퇴하기를 원한다면, 그들은 그의 사명을 완수한 후 당연히 철퇴할 수 있는 것이다. 그러나 그들이 철퇴하려면 통일된 독립 민주 한국을 건설해 놓고 해야 할 것이다.

이러한 철퇴는 50만의 훈련된 한국 예비병을 무장시키고, 장비를 갖추게 한 후 현재의 국군과 합류시킨 후에야 비로소 완료될 수 있는 것이다. 이러한 병력만 있으면 한만 국경을 수비하는 것은 용이한 일이다.

한만 국경에 이르기 전에 정지하게 된다는 것은 아무 의미도 없는 것이다.

이제껏 달성해 온 모든 승리는 다 헛것이 되어 버릴 것이며, 조만간 다시 큰 싸움을 하지 않으면 안 될 것이다.

한국의 진실한 벗이라면, 공산주의의 진실한 적이라면, 결코 이 전쟁의 목적인 한국의 통일과 독립을 완수하고 완전한 승리를 이루기 전에는 어디서든지 간에 정지하지 않을 것이다."

"우리가 지금까지 바란 것은, 이처럼 엄청난 희생을 한 결과로 동양에서 민주주의가 안전하게 될 것이라고 바랐는데, 지금 와서 이 모든 희생이 무효로 돌아갔으니, 낙심하고 또 유감으로 여기는 바입니다.

다른 나라 동맹국들은 어떤 보조를 취하든지, 우리는 중공군이 계속 우리나라에 있어서는 평화나 휴전이 될 수 없다는 것을 주장하는 바입니다.

유엔군이 우리나라에 와 있는 것만으로도 우리에게는 많은 도움이 될 것이므로, 우리는 그대들(미군, 유엔군)이 여기 처음 한국에 온 이유와 여기서 희생한 대가를 받기를 바라는 바입니다.

그렇지 못하여 그대들이 전쟁을 더 이상 하지 않는다면, 우리는 그대들이 오늘 이만큼 싸워 주었기 때문에 우리의 생존을 유지한 것만이라도 대단히 감사히 여깁니다.

그런데 그와 별도로, 우리는 우리끼리만이라도 목적을 달성하기까지 계속해서 싸워 나가겠다는 것이 우리의 결심이니, 이것만은 양해해 주기 바랍니다."

그러나 이승만이 유엔의 정책을 뒤집을 수 없는 게 현실이거니와, 이승만의 의지에도 불구하고 국군 단독으로 전쟁을 계속하는 것도 현실적으로 불가능했다.

한편, 중공군의 참전으로 한없이 뒤로 밀리기만 하던 전선이 유엔 군이 북진하면서 중공군과 북한군을 밀어 올리게 되고, 두 번이나 빼 앗겼던 서울을 또다시 기어코 탈환한 것이 1951년 3월 14일이다.

그런데 1951년 3월, 서울을 수복한 직후에 한국 국방부의 집계에 따 르면, 단 몇 개월 동안 한국이 전쟁으로 입은 피해는 강토의 도륙 그 이상이었다.

전국의 55개 도시 가운데 52개가 없어졌다.
전국 5천 개 촌락이 파괴되었고, 1천만 명이 피난길을 떠났다.

수복 직후 국방부가 경무대에 보고한 짧은 전쟁 피해 내용이다.

미처 상세한 파악이 안 된 내용이지만, 짧은 한 줄 보고에서 한국 전 국토와 한국 사람이 받은 희생의 규모를 가히 짐작할 수 있다.

6·25전쟁은 한민족 역사상으로도 최대의 희생을 치른 가장 비극적 인 전쟁이라고 이야기된다.

한 나라 전체가 쑥대밭이 되어 잿더미가 되었고 한국군과 유엔군 수십만 명이 죽고, 민간인은 더 많은 수십만 명이 굶어 죽고 얼어 죽 고 포탄에 죽고, 또 공산군에게 맞아 죽고 생매장 되어 죽고 칼로 베 어 죽고 불에 타 죽고 산채로 질식해 죽고 총살되어 죽고 또 죽었다.

1953년까지 한반도에 참전한 전체 중공군은 3백만 명 정도다.

북한군을 원조하러 이들이 압록강을 건너면서, 그 이후로 한국은 대규모 참혹한 희생과 피해가 발생했다.

중국이 침략에 가세한 결과, 한반도가 잿더미가 되고 젊은 청춘의 피가 강물이 되고 바다로 넘치는 말로 형용할 수 없는 비극을 겪었는데도 불구하고, 한반도 통일은 무산되고 겨우 분단선 상태로 되돌아갔다.

6·25전쟁을 평가할 때, 북한 김성주뿐 아니라 중국 모택동을 동등하게 직시하고 기억해야 하는 이유다.

당시 한국을 침략한 나라는 북한만이 아니라 한국 머리 위에 포진해 있던 공산 전체주의 국가들인 중국과 소련이었고, 침략한 자는 김일성과 모택동과 이 모든 것을 배후 조종한 스탈린이었다.

1950년. 북한 함흥 방문에서 의장대 사열하는 이 대통령.

제7장

•

유엔 16개국 파병

자유 수호 전쟁

6·25전쟁은 유엔 창설 후 최초이자 마지막으로 유엔군 사령부를 구성하고 유엔군이 직접 전투에 참전하여, 소련 중공 북한의 침략에 맞서서 한국 미국 등 세계 우방이 치른 전쟁으로서, 공산 진영 대 자유 진영 국가 간에 싸운 자유 수호 전쟁이 되었다.

당시 한국을 지원한 67개 국가 중에서, 직접 전투 병력을 파병한 나라는 미국을 비롯하여 16개 나라인데, 파병 규모 순으로 아래와 같다.

미국, 영국, 캐나다, 터키, 호주, 필리핀, 태국, 네덜란드, 콜롬비아,
그리스, 뉴질랜드, 에티오피아, 벨기에, 프랑스, 남아프리카공화국,

룩셈부르크.

16개 나라에서 온 장병들은 그야말로 당시 한국이란 신생 국가의 이름도 지리도 아무것도 모르는 낯선 땅에 와서, 그들의 소중한 생명을 바쳐 싸운 젊은이들이었다.

미군을 비롯하여 한국에 파병된 16개 나라의 젊은 청년들은, 특히 처음에는 자신이 와 있는 곳이 어디이고 여기서 왜 싸워야 하는지도 모른 채, 어느 날 갑자기 이역만리 낯선 한국 땅에 실려 와서 한국에서 비참하게 싸웠고 또 죽었다.

이 대통령은 이런 젊은 외국 청년들의 실정을 안타깝게 여기고 종종 감사의 마음을 표현했다.

"외국 군인들이 아무런 준비도 없고 생각도 없고, 또 한국이라는 나라가 어떤 나라인지도 모르던 사람들이, 이번 전쟁으로 미리 어떤 소식도 들은 것이 없이, 갑자기 우리나라에 끌려 나온 사람들이 많습니다.
비행기로 8천 킬로, 1만 킬로를 날아와, 땅도 모르고 사람도 모르는 여기에 난데없이 실려 왔지만, 자신이 무슨 까닭으로 여기 와 있는지, 여기서 왜 싸움을 하고 있는지 모르는 사람들이 많았습니다."

이 대통령이 공식 석상에서 항상 강조한 것처럼, '우리의 목숨을 부지'하게 한 이들 16개 국가와 파병 군인은 한국의 역사가 이어지는 그날까지 기억하고 감사해야 할 은인들이다.

> "여기 모인 우리 한국인 남녀 동포는, 나부터도 유엔에 대해서 또 미국에 대하여 감사의 마음을 이 자리에서 말로 다 설명하기는 정말 어렵습니다.
> 우리는 앞으로 그리고 이후에도 그대들의 고마움을 영원히 잊어버리지 않을 것입니다."

전체 16개 나라의 파병 장병 200만 명 정도 중에서, 미국이 180만 명으로 압도적으로 많다. 따라서 전체 유엔군 4만 명 이상의 사망자 중에서도 미군이 3.7만 명으로 가장 많은 희생을 치렀다.

한편, 전체 참전 한국군 중 사망자는 14만 명 정도, 실종자 포로 3만 3천 명을 합하면 총 17만 명 이상이다.

민간인은 군인보다 희생이 더 많아 25만 명 정도가 사망하여, 부상자와 실종자를 제외하더라도 전체 50여만 명의 한국 군인과 민간인이 전쟁으로 사망했다.

그런데 전쟁 발발 직후의 한국군 사망자 숫자보다 6·25가 얼마나 잔인하며 처참한 비극이었는지를 증명해 주는 사실도 없을 것이다.

6월 25일 새벽, 선전포고도 없이 기습적으로 북한군이 침략해 왔을 때, 한국군은 전면전을 치르기에는 부족한 경비병 정도의 형편없는 무장을 하고 있었는데도 불구하고, 뒤로 무작정 후퇴하지 않고 맨몸이다시피 한 상태로 몸을 던져 적을 막아 내려고 노력했고, 실제 옹진반도 개성 의정부 춘천 등에서 하루 이틀을 막아 낸 곳도 있다.

그러나 북한군이 몰고 내려오는 소련제 탱크를 막아 내려고 자살공격이라는 참담한 상황까지 내몰리며 애썼지만, 그 결과는 허망하고 참혹한 것이었다.

6월 말, 전쟁 전 10만 명 정도였던 한국군 병력은 2만 명 정도로 줄어 있었다.

북한군이 침략을 개시하고 단 삼사일 만에, 무려 8만여 명의 한국군 병사들의 목숨이 추풍낙엽처럼 허망하게 스러졌다.

그리고 이후, 3년의 전쟁 기간, 훈련도 무기도 음식도 심지어 군복과 신발도 없이 급하게 투입된 10대 학도병과 20대 청년들 그리고 30대까지 또다시 9만 명 정도의 젊은이들이 더 전사했다.

이처럼, 한국군 희생자는 유엔군에 비하면 비교할 수 없을 정도로 많다.

하지만 냉정하게 말하여, 한국군은 자신의 나라를 지키는 희생이었다고 하나, 유엔군은 워싱턴의 묘역 비문처럼 '어디에 있는지도 모르는 나라', '만나 본 적도 없는 사람들'을 위해서 피를 흘렸다.

결정적으로 이들 유엔군의 신속한 파병 덕분에, 한국은 북한군에게 며칠 내로 점령될 위기에서 기사회생했다. 미군과 유엔군이 아니었다면 한국은 전쟁 직후 며칠 이상을 버텨내기 힘들었을 것이므로, 한국전쟁에서 희생된 전체 유엔군 5만 명은 숫자 그 이상의 의미로 추모해야 할 것이다.

한국을 지키는 것은 비단 한국의 자유를 수호하는 것만이 아니라 세계 각국의 자유와 평화를 지키는 것이라는 공감대가 이루어 낸 전무후무한 기적 같은 세계 자유 국가들의 지원이었다.

이 대통령이 히긴스 미국 기자에게 이야기한 한국전쟁의 의미와 예측은 적확했다.

"우리가 이번에 학습했듯이, 당신 정부(미국)도 공산주의자들과의 타협은 없다는 사실을 알아야 합니다.
공산당들에게 타협이란 언제나 시간을 벌기 위한 수단이자, 상대가 의심하지 않도록 달래기 위한 속임수일 뿐입니다.
공산주의자들의 속셈을 알아채지 못한다면, 당신들은 미리 대비를 하지 못하고, 따라서 그들의 다음 공격을 막아 내지 못할지도 모릅니다."

일본 파병 반대

　그런데 유엔군의 파병과 관련하여 주목할 만한 이승만의 결정이 있다. 바로 자유중국 장개석이 먼저 제의한 파병 지원을 거절한 것과, 또 하나는 미국이 일본군을 한국전쟁에 파병하려는 계획을 강하게 반대하여 막아 낸 것이다.

　전쟁 발발이 며칠 지난 7월 11일, 자유중국 대사가 2.5만 명의 파병 의사를 먼저 밝혔는데, 이승만은 장개석의 파병 제의를 정중히 거절했다.

　이날, 프란체스카가 이승만에게 그 이유를 물었다.

　　영부인: 지금은 한 사람의 장병이 아쉬운 판국인데, 반공 국가인 자
　　유중국의 참전 제의를 왜 거절했어요?
　　이승만: 본토의 중공군을 내 손으로 불러들일 수는 없잖아.

　대통령은 퉁명스럽게 한마디 던지고 입을 다물었다.

　이승만은 장개석의 제의를 수락하여 대만 군대를 한국 땅에 들이면, 곧이어 모택동이 이를 구실로 북한을 도와 한반도로 들어올 것으로 예측하고, 나라 존망이 다급한 상황에서도 거절했다.

물론, 장개석의 참전 요청도 거절하면서까지 피하려 했던 모택동 군대는 대만 군대의 지원과 상관없이 곧이어 압록강을 넘어 불법 침략해 왔지만, 그는 아무리 급한 국가 위기 상황에서도 외국의 파병 요청을 무조건 모두 받지 않았다.

또, 이승만은 일본의 군대가 우리 땅에 상륙하는 것을 강하게 반대했다. 일본군의 파병은 대만과는 성격이 판이한 것으로서, 그는 일본군을 한국 땅에 들이려는 미군의 계획에 분개하여 반대의 뜻을 강하게 밝혔다.

1951년 1월, 이승만은 전방 시찰에서 국군들에게 다음과 같이 말했다.

"미국인들이 일본 군인을 한국으로 보내 전쟁에 참전시키려고 한다는 소문이 있는데, 소문대로 일본군이 한국에 온다면 한국인들을 몹시 격분시킬 것입니다.
우리는 공산당과 싸우기에 앞서서, 먼저 일본 군대와 싸울 결심을 해야 합니다.
과거 일본에 당한 역사적 경험으로 인해서, 우리는 일본 군대가 또다시 우리 땅을 밟게 두지는 않을 것이라는 점을 분명히 밝혔습니다."

중국 본토의 모택동이 침략에 가세하면서, 1951년 유엔군이 계속하여 후퇴하고 밀리는 상황이 되자, 일본을 한국전쟁에 참전시키려는 미군의 움직임이 있었다.

미국이 일본을 재무장시키고, 대량의 무기가 일본으로 들어가는 등 미국이 일본 사람들을 훈련 시키고 무장시켜 한국 전선에 투입하려는 정황을 파악한 이승만은, 맥아더에게 기밀 서한을 보냈다.

이승만은 일본의 야욕은 과거에나 현재나 미래에도 항상 한국 땅에 발을 들여놓는 것이라고 보았다. 따라서 그들이 한국을 도와준다는 구실로 들어오게 되면, 1904년에 강제로 주권을 빼앗은 한일의정서와 같은 협정을 또다시 모색할 것으로 예상했다.

사실, 이승만은 미군의 일본 파병 계획 이전에도, 해방 직후부터 미국의 원조 정책에 불만이 있었다. 미국 원조가 일본에 편중되었는데, 게다가 불만스러운 것은 한국의 원조는 소비품으로 제한시키는 반면에 적이었던 일본에는 거액의 원조 자금을 제공하여 산업이 활발히 재건되고 있었다는 점이다.

1948년 맥아더 사령관을 만나기 위해 도쿄를 방문했을 때, 몇 년 사이 이미 일본은 사회 시설이 회복되고 경제는 부흥하고 있는 것을 보고 기분이 언짢았던 이승만은 "미국으로부터 대규모 원조를 받으려면, 미국을 공격하여 적이 되어 싸워야 하겠다."라고 미국을 비꼬는 말을 하기도 했었다.

1951년 2월 초, 이승만은 일본 파병 준비가 더 진행되기 전에 맥아더에게 편지를 보냈다.

경무대 일지에 따르면, 이승만이 맥아더에게 보낸 편지는 한국에서 또다시 이권을 장악하려는 일본의 야욕을 밝히면서 국민 감정상 절대 일본군은 용납할 수 없다는 내용이었다.

대통령은 일본의 야욕은 과거 역사가 증명하듯이 언제나 한국 땅에 다시 발을 들여놓는 것이라고 말했다.

그렇게 되면 일본은 한국을 도와준다는 구실로 자신들의 군사적 목적을 위해서 모든 이권을 장악하고, 1904년 주권을 탈취해 억지로 강요했던 한일의정서와 같은 협정을 만들어 낼 것이라고 말했다.

대통령은 일본이 얼마나 간교한 책략으로 우리나라의 국권을 찬탈했으며, 우리 민족이 40년 동안 어떠한 고난과 곤욕을 겪었는지를 적었다.

그리고, 만약 일본 자위 군대가 재무장하고 우리를 돕겠다고 현해탄을 건넌다면, 한국 국민은 총부리를 일본군에게 먼저 겨눌 것이라고 솔직하게 적어 보냈다.

이후, 일본 파병 이야기는 더 이상 거론되지 않았고, 대신에 맥아더는 미국에서 훈련받은 미군 신예 병력 3만 명을 3월까지 전선에 투입하겠다고 약속했다.

아무리 나라가 백척간두에 처했어도 해방된 지 얼마 안 되어 또다시 일본 군대가 우리 땅에 상륙하는 것만은 막으려는 이승만의 결단을 이해한 맥아더의 해결책이었다.

한편, 이승만이 일본 군대의 한국 파병을 반대하고 난 뒤에, 이승만과 미국의 갈등이 격화되며 미국이 이승만을 제거하려고 할 때, 이승만은 자신이 물러나길 바라는 국내외의 세력이 한둘이 아닌데 미국뿐 아니라 일본도 자신이 물러나기를 바란다고 생각했다.

그 이유는, 이승만이 한국 파병을 반대한 것이 하나이고, 또 일본에 산업 재건을 목적으로 거액을 원조하는 미국 정책을 반대했기 때문이고, 또 하나는 한국 강점에 대한 배상금으로 상당한 액수의 자금을 요구했기 때문이라고 말했다.

그는 공산 세력과 전쟁을 치르는 와중에, 엎친 데 덮친 격으로 우방과 자유 진영 국가로부터도 점점 지지를 잃어 갔다.

전쟁 준비 안 된 미국

트루먼이 신속하게 한국 지원 결정을 내리긴 했지만, 사실 미국도 무기가 없는 한국과 별반 다르지 않게, 다른 측면에서 전쟁 준비가 되어 있지 않기는 마찬가지였다.

한국 이승만은 침략을 예상하면서도 미국의 비협조로 대비를 할 수 없었지만, 미국은 당시 최강의 무기를 갖추었음에도 무기 말고는 지상군 병력이나 한국에 대한 정보 그리고 전투 의지 등 다른 그 어떤 것도 한국에서 싸울 준비가 된 것은 없었다.

더군다나 전략상 가치가 없다고 판단하여 한국을 미국 방어선 밖으로 몰아낸 것은 한국을 포기한다는 뜻으로 해석된다. 따라서 전쟁 전 워싱턴 당국자들의 공공연한 발언들에 비추어보더라도 그렇고, 여러모로 트루먼의 지원은 의외의 선택이었다.

미국은 한국의 군사 무장을 극도로 제한시킨 것뿐 아니라, 사실 자신들 역시 2차 대전 후 급속하게 군사력을 축소했다.

1950년 미 육군은 60만 명 정도였는데, 이것은 1945년 당시 육군 병력의 무려 85%가 감축된 것이었다. 해병대 병력도 50만 명에서 불과 5년 만에 85%를 감축하여 7.5만 명으로 줄였고, 해군의 주요 함정들도 퇴역했다.

그리고 이승만이 한국 대신 일본에 대규모 지원하는 것을 늘 대단히 불만으로 여겼는데, 심지어 일본에 주둔하던 미군도 전쟁 준비 연습과 훈련 대신 일본 경제를 재건하는 역할을 하고 있었다.

한국에 제일 먼저 도착한 미군은 바로 한국에서 제일 가까이 있던, 전쟁 훈련을 하지 않은 일본 주둔 미군들이었다.

미국은 핵무기가 있으니 대규모 지상군이 필요 없으리라 판단했기 때문인지, 1945년 이후 누가 강요해서가 아니라 스스로 자체 방위력을 빠르게 감축했다.

한국전쟁에 대한 준비가 안 되었던 탓에, 미군은 북한군을 상대로 처음부터 고전을 면치 못했다. 북한군의 전력을 과소평가한 것은 그 불행의 시작이었다.

전쟁 발발 직후에 수원에 도착하여 한강 전선을 시찰한 맥아더는, 일본으로 돌아가는 비행기 안에서 종군기자와 인터뷰에서, 禮개 사단만 있으면 한국을 지킬 수 있다."라고 말했다.

그러나 맥아더의 장담과 달리, 미국 육군 지상군 24사단(스미스 부대)이 유엔군으로서 처음 한국에 도착하여 경기도 오산에서 북한군에게 쫓겨 허둥지둥 후퇴했고, 평택에서 싸운 결과 전멸하다시피 하는 비극적 패배를 했다.

그 뒤, 미군 증원군이 점차 한국에 도착하여 전선에 투입되었지만, 그들도 북한군 공격을 방어하지 못하고 후퇴를 거듭했다.

그도 그러한 것이 그들은 무기와 병력 산악지형 면에서 모두 불리했고, 게다가 초기에 한국에 도착한 병사들은 수십 배 더 많은 수의 북한군을 상대해야 했다. 소련제 탱크를 막아 낼 무기도 없는 상태에서 한국군과 별반 다르지 않게 미군도 매우 불리한 전투를 치러야 했다.

더구나 그들은 더 불리했던 것이, 한국 지리와 사람에 대한 지식도 없고 한국 사람들이 하는 말도 모르는 상태에서, 소수의 미군은 압도적인 수의 적군과 대적해야 했던 것이다.

후에, 맥아더는 적군에게 아군의 병력이 많은 것처럼 보이게 하려고 위장하고 허풍 치며 속이려 했다고 말했다고 한다.

이 중에서도 미군으로서 매우 곤란하고 어려웠던 점은, 한국전이 내전인 탓에 아군인 한국군과 적군인 북한군을 구별하기가 힘든 것이었다. 게다가 북한군은 종종 민간인 복장을 하고 민간인으로 위장하여 게릴라전을 펼쳤기 때문에, 미군은 한국군과 적군과 민간인을 구별하는 것도 어려웠다.

실제로 한국에 갑자기 끌려온 미군 병사들은 전투 경험이 없는 초년병들이 대부분이었고, 수십 배 많은 적 앞에서 쉽게 전투 의욕을 잃곤 했다.

1950년 전쟁 발발 직후 한국에 와서 12월까지, 종군기자로 전선을 취재한 마거릿 히긴스라는 미국인 기자가 있었다.

히긴스의 전선 취재에 따르면, 전쟁 초기 미군 병사들은 자신이 왜 이곳에 와서 전투를 치르고 있는지, 누가 적군이고 누가 아군인지 구분하지 못하는 병사들이 대부분이었다.

또한, 상사의 사수하라는 명령을 따르지 않고 무기를 버리고 도망치는 병사들도 있었다. 희망이 없는 전쟁에 뛰어들었다고 정부와 트루먼 대통령을 비난하고, 할 수 있다면 전장에서 탈출하고 싶다고 말하기도 했다.

전쟁이 시작되고 일본 기지에서 막 투입된 병사들은 기본 훈련만 받았지 전투 훈련은 받지 않았었다. 시간이 지나면서 이들의 전투 의지가 높아지기도 했지만, 처음에는 상사가 미처 후퇴 명령을 내리기도 전에 모두 무기를 버리고 새처럼 허둥지둥 도망가는 상태가 속출하였다.

북한군의 기습 침략에 맞서 한국을 지켜 주려고 온 사병들의 실체는 사실 이러했다.

점차 증원부대가 도착하고, 전투기와 탱크와 대포가 도착했어도, 무기가 없는 한국군과 별반 다르지 않게 유엔군도 하염없이 후퇴의 후퇴만 거듭하기는 마찬가지였다.

이 과정에서 희생된 미군만 4만 명이 넘는다. 어느 날 갑자기 이름도 지리도 모르는 나라에 끌려와서, 왜 싸우는지도 모르고 총을 들고 전장을 누비다 희생된 젊은 청춘들이다.

워싱턴 근교에 있는 알링턴 미국 국립묘지에는 한국전 참전 용사들을 기리는 추모 공간이 있다. 이곳 국립묘지 한편에 있는 6·25한국전쟁 참전 기념 묘석에 새겨진 짧은 비문이다.

우리 미국인은, 국가의 부름을 받아서, 어디에 있는지도 모르는 나라, 한 번도 만나 본 적도 없는 사람들을 지키려고 고귀한 생명을 바쳐 싸운, 우리의 아들과 딸들의 명예를 기립니다.

국가 누란의 위기에 한국을 구출하려고 온 미군 장병들은 천하무적이 아니었다. 천하무적은커녕 초기에는 적군의 탱크 소리만 들려도, 총소리만 들려도 허겁지겁 새처럼 후루룩 도망가기 바쁜 겁먹은 젊은 청년들이었다.

그런데 한국은 바로 이런 어린 외국인 장병들의 피를 대가로, 그들의 희생으로 소멸 위기에서 가까스로 회생한 것이 또한 엄연한 역사적 사실이다.

이승만은 이처럼 한국과 한국 사람에 대한 미군의 정보 부족과 피아 구별의 어려움 등으로 전쟁이 어렵게 되고 곧바로 대전이 함락되자, 7월 29일 원인과 대책을 분석한 메모를 적었다.

"한국군이나 경찰과 아무런 연락도 취하지 않고 딘 장군 휘하의 국제연합군에게 대전 방위 임무를 맡게 한 것은 큰 잘못이었다.

그들은 이 나라와 국민에 대하여 아는 바가 없다. 그들은 한국군 병사와 공산군 병사를 손쉽게 구별할 수 없었다. 처음 보는 사람에게 그들은 모두 같아 보였다.

야밤의 어두움을 이용하여 2, 3백 명의 공산군이 유엔군 막사 주변에 숨어 들어와 소리 지르고 떠들어 대고 계속 총을 쏘고 소란을 피웠다. 이것은 외국 군대에 겁을 주자는 의도인데 대성공이었다.

미군 병사들이 충분히 무장되고 증원될 때까지 우리는 그들이 불안하고 위태로운 형편에 놓이지 않도록 그들을 보호해야 한다.

한국인들은 공산 게릴라를 알고 있고 또한 그들과 싸우는 법을 알고 있다. 미국 사람들은 정규전 훈련은 되어 있으나 게릴라 전술에는 익숙하지 못하다. 그러므로 이 사람들은 공산 게릴라 부대를 만나면 불리하다.

이런 이유로, 큰 전투가 벌어질 때 한국군을 한쪽에 배치하고 미군을 다른 면에 배치할 것이 아니라, 안내역이나 통역 역할을 하도록 한국군 병사들이나 경찰을 미군 부대 속에 끼도록 하는 것이 현명할 것이다.

이들은 먼 거리에서도 누가 적이고 누가 아닌지를 알 수 있다. 대전에서 경험이 이런 제안이 옳음을 입증하였다.

미군은 대전 서부를 막고 한국군은 험준한 산악지대의 동부전선을 맡고 있었다.

한국군은 아직 진지를 고수하고 있지만, 미군은 부득이 대전에서 후퇴가 불가피했고, 그 결과 대전 이남의 전 지역이 붉은 침략자들에게 개방되어 이들은 전주, 광주, 여수, 순천으로 밀고 내려왔다. 일부가 하동을 침략했고 그곳에서 어제 채 장군은 전사했다.

이런 사정을 이해하는 사람은 심한 손실에 대해 미군 장병들을 비난할 수 없을 것이다.

그들은 낯선 사람들이고 이 나라와 국민을 이해할 시간이 없었다.”

이보다 며칠 앞선 7월 15일, 이승만은 대전이 함락된 뒤에, 작전을 일사불란하게 지휘하고 전투를 효과적으로 수행하기 위해선 한국군과 유엔군의 통합 필요성을 절감하고 대한민국의 지휘권을 맥아더에게 양도했다.

낯선 환경에서 미군 단독으로 작전을 수행하기에는 여러 가지 어려움과 실패가 있었고, 따라서 지리와 사람을 구별할 줄 아는 한국군과 협동하여 작전을 펼쳐야 유리하고 효과적으로 전쟁을 치를 수 있다고 판단했다.

미군과 한국군이 별도로 작전을 펼치면서 서로 정보교환이나 협동이 전혀 되지 않았고, 결국 쉽게 대전을 빼앗겼다고 판단했다.

미군 전술에 불만 — 한국군이 싸우겠다

그런데 미군이 도착하여 싸워 주는 데 대한 고마움과 또 낯선 환경에서 싸우는 그들의 어려움을 인지하면서도, 이와 별개로 이승만은 점차 이들의 전략 전술에 의구심을 가지 시작했다.

미군이 도착하면 곧바로 북한군을 물리쳐 승리할 것으로 믿었던 한국인들은, 미군이 후퇴를 거듭하는 것을 보면서 미군에 대한 국민의 신뢰도는 점점 떨어졌다.

경무대 일지에 따르면, 북한군이 몰고 내려오는 소련제 T-34 탱크는 미군의 공격을 받고도 끄떡 않고 밀고 내려왔고, 미군은 적의 탱크를 맞아 무슨 폭탄을 써야 하는지도 몰라서 공포심만 커졌다.

전황이 매우 나빠지자, 이승만은 사석에서 미군은 '함정과 비행기에만 의존한다', '탱크 무기를 갖고도 싸우지 못한다'는 등 종종 불만을 드러냈다.

"정신상태야 정신상태. 멍청한 것들!

우리 아이들(국군)이나 경찰에게 미군이 가진 무기와 장비를 줘 봐.

이처럼 후퇴하기에 바쁘진 않을 거야.

멍청한 양 코쟁이들!"

1950년 7월 초, 유엔군이 후퇴만 계속하자, 이승만은 무초 대사를 불러 화를 냈다.

이승만: 세계 각국이 한국 사람은 싸움도 않고 후퇴만 하는 국민인 줄 알겠소. 미군들은 어째서 후퇴만 하는 거요? 차라리 우리에게 무기를 주시오!

무초: 작전상 불가피한 조치였습니다.

이승만: 그놈의 작전상, 작전상. 당신들은 그 말밖에 할 줄 모르오? 미군은 게릴라전을 몰라 겁을 먹고 있소. 어서 빨리 우리 국군에게 무기를 주시오!

그리고, 9월에는 싸우지 않는 유엔의 전술에 대해 무초 대사에게 불만을 표시했다.

"왜 당신들은 가만히 앉아서 적군이 쳐들어오기만 기다리고 있소? 그동안 적은 이쪽의 가장 취약한 곳이 어딘가를 알아내서 집중적으로 공격해 옵니다. 왜 우리도 적과 같이 밀고 나가 싸우지 않소? 그렇게 하면 설사 다시 퇴각하게 되더라도 적군은 우리가 다음엔 어떻게 나올지 몰라 불안해할 것 아니오. 지금 같은 전술로는 유엔군이 계속 피해를 볼 수밖에 없소."

또, 이승만은 미 공군은 잘 싸우지만, 지상군은 전술이 없고 후퇴만 한다고 올리버에게 비밀리에 불만을 털어놓았다.

미국인들은 하늘에서는 잘 싸우는데 육지에서는 전술이 없소. 이 사람들은 그저 후퇴만 원하고 있소. 우리 장병들은 절망적이오.
이 사람들은 오늘 아침 대전에서 후퇴하기를 원했으나 딘 장군과 워커 장군을 좀 보자고 불러서, 나는 지금 미군만이 장악하고 있는 철도를 미군과 우리 국군이 함께 지켜야 한다고 주장했소.
미국인들은 대형 탱크나 공산군 전술에 상대가 되지 못하오. 우리는 절망적이지만 최선을 다해야 하겠소.
미국인들은 죽기를 원치 않기 때문에, 육지에서는 싸울 수가 없다고 한국인들이 공공연히 말하고 있소.
고마움을 모르는 것처럼 들릴는지 모르나, 자기들이 북한 사람을 대하고 있는지 남한 사람을 상대하고 있는지조차도 모르오. 내가 쓴 것을 아무에게도 말하지 마시오.

1950년 7월, 당시 경무대 일지를 보면, 미군은 밤에만 이동하는 적군의 전술도 모르고 또 이야기해 줘도 듣지 않는 미군에 대해 답답함을 기록하였다.

적은 대구와 목포를 향해 점점 다가오고 있다.

그런데도 미군들은 적의 전진 경로에 비행기를 출격시켜 보면, 적군이고 탱크고 하나도 보이질 않는다고 머리를 절레절레 흔든다.

아직도 적의 수법을 모르고 있으니 한심한 사람들이다.

공산군은 낮에는 완전히 몸을 숨겼다가, 밤이면 이동하는 전술을 쓰고 있다. 낮에는 더위를 피해 충분한 휴식을 취하기 때문에 밤의 전진 속도가 빠르다.

공산군 수법을 미군들에게 귀가 아프도록 설명해도 믿으려 하질 않는다.

미군이 북한군과 남한 내 공산 게릴라 전술을 전혀 모르는 등 세계 최강 미군이 막상 한국의 산악지대에서는 지상전을 우세하게 펼치지 못하고 한계를 드러내자, 이승만이 미군의 전략 전술에 상당히 불만스러워한 점이 한둘이 아니었다.

게다가 더더욱 심각하고 안타까운 일들이 발생했는데, 바로 미군의 작전 수행 중에 아군과 심지어 민간인까지도 피해를 보는 사례가 속출하는 것이었다.

아래는 경무대 일지에 기록된 관련 내용 몇 사례다.

대전을 점령한 적군은 물밀듯이 남하하는 피난민 대열 속에 민간인으로 변장하고 섞여 민심을 교란하고, 밤이면 게릴라로 돌변하여 곳곳에서 미군들을 괴롭혔다.

한국전에 처음 투입된 미군 병사들은 풋내기 초년병이 대부분이었다. 이들에게 빨갱이와 남한 사람을 구분하는 것은 불가능한 것이었다.

누가 적인지 누가 아군인지 모르고 마구 총질만 해대는 꼴이었다.

차라리 우리에게 무기를 넘겨달라고 애원하고 싶은 심정이다.

워커 장군이 민간인 복장을 하면 누가 누군지 구별할 길이 없다면서, 아무렇게나 총을 쏠 수도 없어 난처하다고 실토했다.

그러면서 미군이 아직 게릴라전에는 미숙하다고 자백했다.

미군기의 오폭은 계속되고 있다.

아군 폭격기들은 언제나 한발 늦게 출격하여 적군이 떠나 버린 장소에 폭탄을 투하한다.

때로는 적군 몇백 명이 숨어있다는 정보를 받고 출격한 비행기들이, 아예 시 전체를 폭격하여 선량한 시민들이 막대한 피해를 보았다.

영동을 포위하고 전 가옥을 파괴하다시피 하면서 적과 싸웠다.

고령에 주둔한 미군들이 어젯밤 공격해 온 북괴군 게릴라들과 접전 중이던 우리 경찰대원들에게 집중사격을 가해 30여 명을 살상했다.

도대체 뭐가 뭔지를 구분하지 못하고 싸우는 이 사람들은 뭣 하러 온 사람들인가!

우리 국군들이라면 그런 멍청한 실수는 저지르지 않을 것이다.

한국군과 북괴군을 구분하지 못하고 쏘아대는 판이니, 차라리 후퇴하는 것은 낫다고 할 노릇이다.

대통령은 맥아더에게 이런 실수를 따지는 편지를 썼다. 지난번에도 항의 편지를 워커에게 전달했지만, 맥아더 장군에게는 전달되지 않았다.

대통령은 한국군에게 당장 무기를 공급해 준다면, 적군의 공세를 막을 것이라고 무초 대사에게 말했다.

미군이 한국에 대한 지식과 정보가 부족한 점, 사람을 구분하지 못하는 점. 특히 게릴라들이 민간인 위장술을 펼쳐 한국 민간인인지 적인지 피아를 구분하지 못해, 미군의 군사작전 수행 중에 아군과 경찰 그리고 민간인이 피해를 보곤 했었다.

이승만은 이러한 아군의 희생에 대해서 맥아더에게 항의하는 편지를 몇 차례 썼으나, 전달도 되지 않았다.

당시 이승만은 미군이 자행하는 전술적 실수나 오류로 인해 아군이나 양민이 피해를 보거나 혹 희생되는 일이 발생하면, 대단히 분개하고 때론 '멍청하고 아둔하다'고 욕하면서, 유엔군 사령관에게 강력하게 항의하고 비판했다.

6·25전쟁은 정규전만이 아니라 게릴라전이 혼합된 전쟁이었는데, 미군은 유격전은 전투 경험이 없었고 더군다나 게릴라와 민간인 외모를 구분하기 힘든 미군으로서는 공산군들의 게릴라전에 상당히 고전했다.

그러나 이승만도 낯선 외국 땅에서 작전을 펼치는 미군의 한계와 불리한 점을 초기부터 인지했었다. 따라서 이점에 대해 종종 우려했고 화를 내며 항의했고 때론 직접 구체적인 군사 전술까지 제안하곤 했다.

이승만이 생각하기에, 이러한 모든 미군의 단점을 보완하고 불리한 전세를 역전시킬 수 있는 해법은 한국군을 무장하는 것뿐이었다.

압도적인 무기와 병력으로 남진하는 북한군을 맞서 저지할 방법은, 한국군에게 무기를 주고 싸우게 하는 것이었다.

1950년 7월 말, 그는 맥아더에게 무기를 요청하고, 구체적인 작전 전술까지도 제안하는 편지를 보냈다.

앞으로 24시간을 더 기다릴 수 없는 시기가 왔습니다. 사실상 우리는 그렇게 할 수가 없습니다.

워커 장군에게 포병 장비와 중포를 한국군에게 주도록 훈령하시고,

북진하는 한국 육군에게 계속해서 항공 지원을 하도록 패트리지 장군에게 명령하십시오.

남쪽으로 멀리 들어와 있는 적의 최전선을 지원할 증원 병력이 적에게는 없습니다.

우리들은 서울을 향해 밀고 올라가서 후방으로부터 적군의 주요부를 차단할 수가 있습니다. 우리는 절대로 성공을 확신합니다.

지금 우리가 이 일을 못하면 적은 남한 전체를 점령하게 되고, 한국 국민의 생명뿐만 아니라, 많은 미국인의 생명 역시 큰 위험에 처하게 될 것입니다.

부디 한국인들을 신뢰하시고 그들이 원하는 것을 허락해 주십시오.

공산군을 위한 소련 원군이 도착했을 때 유엔군은 주요 전투에 임하면 될 것입니다.

이승만은 한국군이 싸울 수 있는 무기를 전쟁 초기부터 지속하여 요청했고, 때론 구체적인 전술까지 고민하고 필요한 것을 요청했다. 그중 가장 절실하고 중요한 것은 언제나 무기였다.

그러나 미군은 한국군에 무기를 선뜻 내어주지 않았다.

1951년. 부산 유엔묘지 헌정식에 참석한 이 대통령.

제8장

민간인 학살

남한에서 양민 학살

서울을 수복하여 정부가 다시 서울로 환도한 직후인 1950년 10월 초, 신성모 국방부 장관과 조병옥 내무장관이 남한 점령 기간에 북한군이 민간인을 살해한 상황에 대해 경무대에 보고했다.

이들 보고에 따르면, 북한군은 서울에서 탈출하기 전에, 8천 명 정도의 애국 인사들과 정부 요인들을 납치하여 북한으로 보냈고, 3천여 명을 살해했다.

또, 대전에서 많은 양민들의 시체가 발견되었다. 천주교 수도원 구내에서 7백 명의 시체가 발견되었고, 이외 대전에서만 6천 명 정도가 학살당했다.

서울과 대전에서만 9천 명 정도의 민간인이 학살당한 것이다. 그것도 북한군이 한국 땅을 점령했던 단 3개월 만에 입은 희생이다.

그런데 당시 보고가 서울 수복 직후 파악한 개략적인 숫자이기 때문에, 실제로는 이 숫자보다 더 많을 가능성이 있다.

아래는 프란체스카가 작성한 경무대 일지에서, 관련 보고를 기록한 내용이다.

서울시 주변 산속에 공산당원들이 학살한 시체들이 발견되었다고 한다. 이 시체들은 연고지를 찾기도 어렵게 훼손되어 있다.
이처럼 무참히 죽임을 당하거나, 북으로 납치된 인구는 수만 명에 달할 것이라고 보고했다.

대통령 사저인 이화장이 위치한 낙산에서도, 공산당원들이 달아나기 전에 학살한 80명 정도의 민간인 시체가 발견되었다고 김 총경이 보고했다.
이화장은 공산군들이 장독을 깨고, 정원에 있는 대리석 선녀상의 목과 팔목을 부러뜨리는 행패를 부렸다.
이화장 뒷산에서도 다수의 시체가 발견되었다고 보고했다.

중공군과 북한군은 유엔군이 자신들을 공격하지 못하도록, 민간인 수천, 수만 명을 자신들 부대 앞에 방패막이로 앞세우고 물밀듯이 내려오고 있다고 한다.

당시 히긴스 기자가 취재한 내용에 따르면, 북한군이 남한을 점령했을 때 북한군은 서울에서 주교와 주요 성직자를 투옥했고, 이 중 신부 1명을 사살했고, 나머지는 납치하여 북으로 끌고 갔다고 한다.

또 북한군은 미국과 협력했던 사람들을 친미주의자로 분류하여 수천 명의 사람을 투옥시키고 재산을 몰수했다.

북한 공산군은 비축미를 빼앗아서 공산주의자 가정에만 쌀 특별 배급표를 주고, 공산주의 청년동맹이나 공산주의 노동조합에 가입하지 않은 집에는 배급표를 주지 않았다.

그런데 이승만은 이미 한국전쟁 전부터, 공산주의자들은 흔히 무력과 폭력으로 사회를 혼란하게 한다며 그들의 무장 폭력을 선동하는 기본 속성을 설파했었다.

이승만은 1949년 올리버 고문에게 보낸 편지에서, 소련의 무력 폭동 공작을 지적했다.

"소련은 공산주의 선동가들에게 무기와 자금, 선전 책자를 제공해
국민 간의 불화를 조장합니다.
그리고 공산주의 동조자들을 무장세력으로 만들어 살인, 방화, 약
탈을 자행하게 해 그 지역을 지옥으로 만듭니다.
공산주의자들은 그런 식으로 자신들의 세력을 강화하고 사회 곳

곳에 깊숙이 침투합니다. 그들이 약탈을 자행하면 할수록 자금이 많아지고, 그 돈을 방화와 살인에 씁니다.

이자들은 자신들을 방어하려고 스스로 마련할 수 있는 모든 수단을 동원하고, 그런 일은 매년 반복이 될 것입니다.

북한군이 한국과 북한에서 자행한 일반 양민 살해는, 혼란하고 복잡한 전장에서 군사작전 중 의도치 않게 양민이 희생된 것이 아니라, 계획적이고 의도적으로 민간인을 살해한 것이란 점에서 그 반인륜적인 잔인함과 야만적인 범죄는 말로 형언하기 어렵다.

수많은 민간인 집단 살해도 그렇지만, 북한군의 반인륜적 범죄를 적나라하게 보여 주는 또 다른 예는 포로를 무참히 살해한 사건이다.

북한군은 유엔군과 국군 포로를 학대하거나 가혹하게 살인하는 전쟁 범죄를 자행했는데, 자고산 학살 사건이 한 예다.

자고산 303고지 학살 사건:

1950년 8월 19일, 낙동강 전선 왜관 위쪽 자고산 303고지에서, 북한군에게 잔인하게 죽임을 당한 장병들이 발견되었는데, 미1기갑사단 5기갑연대 2대대 소속의 미군들이, 모두 손이 뒤로 묶인 채 땅에 쓰러져 있었다.

부산 방어선 전투 당시, 자고산에서 교전으로 미군 41명이 북한군에게 포로로 잡혔는데, 북한군이 이들 미군 병사 41명을 모두 손을 뒤로 묶어 놓고 총살한 것으로, 명백히 국제 전쟁 범죄를 자행했다.

이외, 북한군이 남한에서 저지른 민간인 학살 현장이, 그들이 북으로 퇴각하면서 군인과 유엔군에 의해서 다수 발견되었는데, 아래는 그중 몇 사례들이다.

경상도 학살:

1950년 8월 23일, 경남 창녕군 영산에서, 북한군이 주민들을 감금시킨 것을 국군 유엔군이 구출하였다.

1950년 8월 25일, 경남 창녕군 영산 인근에서, 북한군을 피해 도망치던 민간인들을 북한 게릴라군이 생포하여 총살시켜, 이들이 길거리에 푹푹 고꾸라져 쓰러진 채 버려졌다.

1950년 10월 2일, 경남 진주에서, 학살된 민간인 시신 수십 구가 커다란 도랑 안에 줄지어 버려진 것을 미군이 발견했다.

전라도 학살:

1950년 9월 29일, 전북 전주의 공동묘지에서, 북한군에 학살된 민간인 시신 수십 구를 수습했다.

1950년 9월 29일, 전북 전주에서, 북한군에게 민간이 몇 명이 살해되었다.

충청도 학살:

1950년 10월 1일, 충북 충주 교도소 인근에서, 북한군에 의해 학살 된 민간인 시신 수십 구를 국군과 유엔군이 발견했다.

1950년 10월 3일, 충남 서천등기소에서, 북한군이 불에 타 죽인 민 간인 시체 280구를 미 2사단이 발견했다.[1]

이외에 로버트 올리버도 서울과 남한이 다시 탈환된 뒤에 피난민들 이 이야기하던 학살 소문이 진실로 확인되었다고 공산군에 희생된 몇 사례를 기록하였다.

대전 학살:

대전 비행장 근처에서, 큰 구덩이를 파고 5백 명의 한국군 병사들을 묻은 것이 발견되었는데, 이들 5백 명 장병들은 하나같이 모두 손은 뒤로 묶이고, 머리에는 총탄 흔적이 있었다.

또, 대전에서 다른 커다란 무덤이 발견되었는데, 학살되어 땅에 묻 힌 민간인 시체가 5천에서 7천 명 정도였다.

영흥도 학살:

1950년 9월 15일, 클라크 장군이 인천상륙 작전을 개시하기 전에,

---

1) 월드피스 프리덤 유나이티드 편집부, 『사진으로 보는 6·25 한국전쟁』, 월드피스자유연합, 2024.

이 부근의 여러 정보를 수집하려고 9월 1일에서 14일까지 월미도 근처 영흥도에 파견된 일이 있었다.

섬 주민들은 클라크 장군을 숨겨 주면서, 그가 요구하는 정보들을 수집하려고 배를 타고 왔다 갔다 했는데, 9월 13일, 클라크 장군은 망원경으로 북한군 기지에서 이 섬과 자신을 예의주시하는 움직임을 포착하고, 바로 이날 밤에 섬을 떠났다.

다음 날, 공산군이 이 섬에 상륙하였고, 섬 주민들이 클라크 장군을 도와주었다는 이유로, 마을의 이장과 이장 딸을 포함하여 50명의 섬 주민을 모두 총살했다.

이외에도 수만 명의 남한 청년들이 공산군 점령 시에 강제로 북한군에 징집되어, 대부분 보병 공격 시에 총알받이로 이용되었다. 또한 남녀노소 가리지 않고 마을의 전 주민이 유엔군 기지를 공격하는 데에 북한군 앞잡이로 끌려가 총알받이가 되어 떼죽음을 당하기도 했다.

1950년 12월 이승만이 올리버에게 쓴 편지를 보면 중공군 역시 민간인을 살상하고, 살인 약탈 등을 일삼으며 한반도를 휘젓고 내려온 것을 알 수 있다. 실제 현재 국군 포로가 중공군에 의해 3만 명 정도가 살해된 것으로 추정된다.

"남하하는 중공군과 북한군은 가는 곳마다 인명과 재물을 파괴하고, 약탈, 살인, 강간을 일삼아 주민들을 공포에 몰아넣고 있소.

매일 양쪽에서 수천 명의 전사자가 발생하고 있소이다.

밤낮을 가리지 않고 수십만 명의 피난민들이 추위를 무릅쓰고 남으로 내려오고 있소."

뒤에서 설명하지만, 북한군이나 중공군에게 잡힌 한국군 포로 8만명 정도를 북한은 정전 후에도 송환하지 않는 패악을 부렸는데, 실종된 8만 명의 일부는 북한에 억류되고 일부는 살해되었을 것으로밖에 추정할 수 없다. 따라서 실제로는 3만 명보다 더 많은 수의 포로가 중공군이나 북한군에 의해 살해되었을 것으로 추정된다.

북한에서 양민 학살

북한 공산군은 남한에서만 민간인을 학살한 것이 아니다.

심지어 그들은 퇴각하면서 북한 공산당에 동조하지 않는 북한 민간인을 사상 검증 잣대로 분류하여 참혹하게 학살하고 도망쳤는데, 남한에서보다 살인 방법이 더욱 잔인하다.

국군과 유엔군이 38선을 넘어 북한으로 북진하면서, 도망치는 공산군이 학살한 북한 주민 시체를 다수 발견하여 시체를 수습 처리했다.

아래는 몇 가지 사례들인데, 모두 사진 자료가 있는 경우다.

평양 학살:

1950년 10월 22일, 평양의 장교 후보생 학교 운동장에, 학살된 양민 시체 수십 구가 쓰러져 있었다.

1950년 10월 24일, 평양 인근 진남포 교도소에서, 달아나던 북한군이 민간인 60명 정도를 몽둥이로 때려죽이고, 진남포 두보리 금봉산에 있는 지하 굴속에 묻어 버린 것을 국군이 발견했다.

함흥 학살:

1950년 10월 19일, 함흥 외곽에서, 북한군이 정치범 300명 정도를 커다란 동굴에 가둔 후에 동굴 입구를 막아 산채로 질식사시킨 것이 발견되었다.

국군이 시신을 동굴에서 꺼내어 신원확인을 하고 수습했다.

1950년 10월 19일, 함흥 시내에서, 공산군이 65명의 민간인을 살해한 뒤에 우물 속에 던져 넣은 것을 발견하여, 시신을 끌어내어 수습했다.

1950년 11월 14일, 함흥 인근 덕산의 니켈 광산에서, 살해되어 구덩이에 버려진 민간인 시신 482구를 발견하여, 시신을 수습했다.

이중 총살당한 사람은 없었고, 모두 몽둥이로 때리고, 산채로 구덩이에 묻어 생매장해 죽게 했다.

1950년 10월, 함흥의 자혜 병원에서, 퇴각하는 북한군이 이 병원에 입원해 있는 부상병들을 후방으로 호송하기가 번거로워 부상병들을 살해하고 후퇴했는데, 이들을 병원 안에 그대로 둔 채로 병원 전체 건물을 불태워 이들을 살해했다.

따라서 죽은 부상병들은 거의 모두가 침대에 누워 있는 그대로 산 채로 불태워져 죽었다.

원산 학살:

1950년 11월 14일, 원산에서, 원산 주민들이 국군에게 공산군에게 학살당한 상황을 증언했다.

공산군이 주민들을 일렬로 세우고는, 네 명씩 묶어서 동굴 안으로 들어가게 했다. 주민들이 모두 동굴로 들어가자, 뒤에서 기관총으로 쏘아 이들을 모두 죽이고는, 동굴 입구를 폭파해 버렸다고 증언했다.[2]

지금까지 정부가 집계한 공산군에 의한 민간인 학살 규모는, 1952년 당시 내무부는 12.3만 명 그리고 1977년 국방부는 13만 명 정도다.

앞의 사례 외에, 서울, 경기도, 영광군, 화순군, 함평군, 고성군, 고산군 천주교도, 해주시, 수안군, 고원군, 갑산군 학살 사건 등이 있었다.

---

2) 앞의 책.

그런데 북한 공산군이 전쟁 중에 10만 명 이상의 민간인을 남한과 북한에서 불법으로 학살한 것 외에도, 전쟁 중 자행한 반인륜적인 패륜 범죄는 더 있다.

먼저 앞에서 제시한 포로에 대한 가혹 행위와 살인, 현재 12만 명으로 추산되는 북한으로 납치한 납북자들, 북한에서 억류하고 석방하지 않은 민간 억류자들 그리고 한국으로 송환하지 않고 북한에 억류한 수만 명의 국군 포로 등이다.

정전 당시 유엔군은 8.2만 명의 한국군이 포로로 붙잡히거나 실종된 것으로 추산했는데, 북한은 고작 8.7천 명의 한국군 포로만을 송환했다. 북한은 대략 10% 정도의 한국군 포로만 송환한 것인데, 실종자 대부분도 사망자나 포로일 확률이 높으므로 한국으로 송환한 포로를 제외한 나머지 8만 명 중 사망자를 제외하면 적어도 6~7만 명은 북한에 억류했거나 살해했을 것으로 추산된다.

중공군에게 잡혀 포로가 되어 한국에 송환되지 못하고 북한에 억류되어 살다가 1994년에 국군 포로로서 최초로 북한에서 탈출한 조창호의 증언에 따르면, 북한에 억류된 한국군 포로들은 탈출을 시도하다가 잡혀 죽거나 감옥에 갇히거나 영양실조로 죽는 등 비참한 생활을 이어왔다.

한편, 이 대통령은 전쟁 중 북한에서 억류하고 있는 한국인을 석방하라고 촉구하는 행사를 개최했었다. 1953년 7월 포로로 붙잡혔던 한국 군인이 한국으로 돌아올 때는 문산까지 직접 나가 이들 귀환하는 군인들을 맞이해 주기도 했다.

좌익·공산주의자에 의한 민간인 학살

다른 한편, 해방 후 미군정 시절부터 이미 국내에서는 북한에서 남파된 공산주의자들과 남한 내 좌익 분자들에 의한 민간인의 피해와 희생이 잇달았다.

이승만은 이에 대해서 미군정의 공산주의자 정책을 강하게 비판했다. 미군정 당국이 처음부터 민주주의와 평등이라는 이름 아래 국가 전복과 반역을 꾀하는 단체 개인의 공산당 활동들을 합법화했기 때문이다.

미군정 하지가 평등 자유라는 미명으로 공산당을 합법화하여, 해방 전 지하에서 비밀리에 활동하던 공산주의자들이 지상으로 나와 활동할 수 있었다. 이로써 해방 후 남한은 남로당을 중심으로 공산주의 단체의 파업과 폭동 테러 반란 사건으로 혼돈의 도가니 상태가 이어졌다.

게다가 1947년에는 선거 전 자유 분위기를 조성한다는 명목으로 테러 폭동 범죄자 700여 명을 일제히 석방했다. 1948년에는 유엔 관리의 선거가 5월 10일로 결정되자, 몇 년씩 실형 선고받은 공산당 죄수들마저 석방했다.

하지의 안이하고 무분별한 배려로 사회 소요와 폭동 반란으로 실형을 살고 있던 공산주의 범죄자들이 1948년 제헌의회 선거 전에 대부분 석방되었다.

이승만은 하지가 무책임하게 테러범과 정치범을 석방한 결과 폭동테러 반란 분자들이 자유를 얻었고, 그리하여 전국 각지에서 경찰에반항하고 선거에 앞서 정규적인 항전을 자행하면서 정부 수립을 방해하고 있다고 말했다.

왜냐하면 1945년 공산당 활동을 합법화한 데다 대규모 테러 강력범죄자를 석방함으로써 건국을 전후로 일련의 무장 폭동과 살인이연이어 이어졌기 때문이다.

1948년 4월에는 제주도에서 남로당이 일본인이 버리고 간 무기를노획하여 선거를 방해하고 남한 정부 수립을 막을 목적으로 무장 폭동을 일으켜 경찰과 공무원을 살해했고, 정부를 수립하려고 처음 진행하는 총선거를 무장 반란으로 방해했다.

그 결과 제주도는 첫 선거를 치르지 못해, 제헌의회 200석 중 제주도 2석이 빠진 198석으로 대한민국 국회가 개원되었다.

1957년 한 제주도 신문에 따르면, 이때부터 1957년까지 이어진 4ㅁ 반란 사건 동조자는 1만 7천 명이고, 이들 반란 유격대가 살해한 경찰과 군인은 220명이고, 이들이 학살한 양민은 1천3백 명이다.

대한민국 수립을 위한 최초 선거가 진행되기 며칠 전인 4월 26일, 이승만은 올리버 고문에게 당시 혼란한 국내 사정을 알리는 편지를 보냈다.

공산 분자들에 의해서 무서운 사건들이 매일 전국 방방곡곡에서 일어나고 있고, 매일 많은 국민이 살해되고 있소이다.

제주도에서는 반란 분자들이 수많은 사람을 죽이고 매일 정규 게릴라전을 전개하고 있소(4ㅁ사건).

이 모든 불법 폭력 행동의 주원천은, 북한 노동당과 짝을 이루는 남로당(남조선 노동당)인 것이오.

한국의 공산당 문제를 해결하려고 돕고 있는 소위 민주국가들이, 자기들 나라에서는 공산당을 불법이라고 비난하면서, 우리나라에서는 공공연하게 이들을 옹호하고 있으니 참으로 기막힌 일이오.

우리는 인내심을 가지고 선거일까지 기다리고 있으나, 이 공산주의자들이 성공적인 선거를 치르지 못하게 방해하려고 지금 혈안이 되어 있는 상황이오.

정부가 수립된 이후에도 무장 반란은 중단되지 않고 연이어 발생했는데, 여수 순천에서는, 제주도 무장 반란을 진압하려고 출동한 군대 내의 종북 공산주의자들이 지창수를 중심으로 반란을 일으켰다.

군인들의 반란은 국가 안위에 심대한 타격을 주는 놀랍고도 무서운 사건이었다. 하지만 한편으로는 이승만이 지적한 대로 미군정이 국방 경비대 입대 심사를 느슨하게 한 탓에 도피처로 군대를 선택하는 좌익 공산주의자들이 있었고, 이러한 사실로 일각에서는 이미 해방 직후부터 예견한 일이기도 했다.

제주도에서처럼 여수 순천에서도 시내에 북조선 인공기가 걸렸다. 김일성 장군 만세, 스탈린 대원수 만세를 외쳤고, 김일성과 스탈린 초상이 걸렸다. 북조선 인민공화국 만세를 불렀고, 인민공화국 해방가를 불렀다. 제주도 사건에 이어서, 한국을 전복시켜 공산국가 북조선으로 통합하려는 남로당 공산주의자들의 명백한 국가 반역이요 반란 사건으로서, 이 과정에서 반란군에 의해 학살된 경찰 공무원과 민간인이 2천 명 이상이다.

1950년, 경남 진주 민간인 학살 현장

1950년, 북한 함흥 양민 학살 현장

제9장

•

통일

전쟁 목표는 통일

1950년 7월 19일, 이승만은 한국 지원을 결정한 미국 트루먼 대통령에게 감사 서한을 보냈는데, 이때 벌써 자신의 전쟁 목표는 통일이라는 점을 분명하게 밝혔다.

각하도 아시다시피, 한국인은 아무도 참여하지 않은 채로, 38선에 관한 1945년 군사 결정의 결과로, 한국 국민은 자신의 의사에 반하여 분단되었습니다.

분단으로 인해 북한에서는 소련의 지령과 통제 아래 한국의 전통과 감정과는 이질적인 공산 정권의 발전을 허용하게 했습니다.

소련의 지령하에 북한에서 군사, 경찰, 재정의 모든 권력을 절대적으로 장악한 공산주의자들은, 비단 한국뿐만 아니라 미국과 국제 연합 회원 국가에게도 처참한 피해를 줄 수 있는 어마어마한 폭력을 키울 수가 있었습니다.

소련의 후원을 받은 북한은 6월 25일 새벽 대한민국의 방어 부대를 일제히 전면 공격했을 때, 이미 38도선 유지에 대해 주장할 만한 어떤 근거도 없고 자유 대한과 노예 북한 사이의 군사 분계선에 대해 요구할 권리도 스스로 끊어 버렸습니다.

전쟁 이전의 상태로 복귀시켜, 적이 재집결, 재훈련, 재무장하는 시간 여유를 가진 후에 또다시 공격하도록 적의 방종을 기다리는 것은 어리석은 짓입니다.

외국에서 훈련받고 외세의 지시를 받는 소수 공산주의자를 제외한 북한 주민 모두는, 자신들이 태어난 땅에 충성하는 사람들입니다.

이번 전쟁은 남북 간 분쟁이 아니라, 어쩌다 우리 국토의 반을 지배하게 된 몇몇 공산주의자들과 그들이 어디에 살든 절대다수 한국 국민 사이의 전쟁입니다.

결연한 각오로 제국주의 침략의 암적 존재를 없애고, 세계 공산주의 침투에 의해 우리나라 깊숙이 부자연스럽게 자라난 악성 종양을 도려낼 시기가 온 것입니다.

우리 정부와 국민은 지금이야말로 한국 통일의 시기라고 생각하며, 한국 사람들과 동맹국들의 엄청난 희생으로 맞이하는 결과는 통일이 아닌 다른 어떤 것은 생각할 수 없습니다.

각하께서도 우리와 같은 결론일 것이라고 확신하는 바이지만, 우리 정부의 입장을 각하께 분명히 밝히는 바입니다.

한국 정부는 한국 정부의 동의와 승인 없이, 한국에 관하여 타국이 결정하는 어떠한 협정이나 양해 사항도 이를 구속력이 없는 것으로 간주할 것입니다.

본인은 이러한 본인의 주장이 또한 미국 정부의 입장이라고 믿고 있습니다.

이승만은 트루먼에게 통일 말고는 어떤 다른 결과도 수용할 수 없음을 밝혔다. 통일 외에 분단은 수많은 희생을 헛되게 하는 결과라면서, 통일을 이루어야 할 이유를 간곡하게 설명했다.

한국전쟁이 한국 국내 문제가 아니라, 소련을 위시하여 팽창되고 있는 공산 제국주의의 침략에 맞서 세계 자유주의 국가들을 지키기 위한 전쟁이라고 이야기했다. 이것이 이승만이 생각한 한국에서 통일이 되어야 하는 이유였다.

그러나 트루먼은 이승만의 이 절실하고 간곡한 편지를 간단하게 무시했다.

이승만의 목표는 시종일관 세계 공산 제국주의 침략을 저지하기 위한 한반도 통일이었고, 트루먼은 중공군 침략 이후로 38도선 원상 회복이 목표였다.

경무대 일지에 따르면, 북한 점령 지역의 통치 권한을 한국에 주지 않고 유엔 군정을 실시하자, 이때부터 이승만은 유엔이 한반도를 다시 분단하여 외국 열강이 재분할하려는 의도를 간파했다. 전쟁 발발 후 4달 뒤인 10월이다.

이승만은 이때부터 한국을 도와주러 온 미국과 유엔이 진정 한국의 이익과 권리를 위한다기보다는 자신들의 명예를 위해 싸우러 온 것으로 판단했다. 그리고 그의 이 판단은 정확하여 미국 유엔은 곧바로 휴전을 염두에 두고 이때부터 소련과 협력하여 전쟁을 끝내려는 데 몰두했다.

반대로, 이승만은 전쟁 초기 트루먼에게 통일을 설득한 입장에서 한발도 벗어나지 않고 줄곧 통일 이외 어떤 것도 민족의 참혹한 희생을 보상할 수 없다고 더 강하게 주장했다. 그는 자신의 이 목표를 관철하려고 협정이 서명되는 마지막 순간까지 노력했고, 미국의 위협에도 물러서지 않고 끝까지 타협하거나 굴복하지 않았다.

1951년 2월, 한 미국 기자가 이승만에게 유엔에서 추진하는 휴전 협상에 대해 의견을 물었다.

그는 통일만이 나라와 국민이 살길이며, 우리는 끝까지 싸울 것이라는 변함없는 각오를 밝혔다.

기자: 유엔의 휴전 협상 제안에 대해서 어떻게 생각하십니까?

이승만: 공산당이나 친공산주의자가 아니라면, 감히 누가 이미 없어져 버린 38선을 운운하며, 또다시 그 비극적인 선을 만들어 낼 수 있단 말이오? 우리 국민은 도무지 있을 수도 없고, 있어서도 안 되는 그따위 선을 절대로 용납할 수 없으며, 따라서 38선에 대해 왈가왈부하는 것 자체도 단호히 배격하오. 끝까지 공산군을 이 땅에서 완전히 무찌르는 것만이 세계 평화와 자유를 지키고 승리하는 길이고, 오로지 통일만이 우리 민족을 살리는 길이오. 우리는 조국 분단과 동족상쟁이라는 가장 뼈아픈 민족적 비극을 막고, 민족의 숙원인 통일을 위해서 목숨이 다할 때까지 싸울 것이오.

이승만은 또한 종종 성명을 발표하거나 공식 연설을 통해서 국민에게 통일의 필요성을 늘 강조했다. 아래는 몇 사례다.

"세계 어느 나라든지 공산당의 환란을 겪었는데, 그중 우리나라는 포악무도한 공산당의 화를 가장 혹독하게 당하는 바람에, 세계의 동정과 원조를 더 많이 받은 것이 사실입니다.
이 모든 시련을 이겨 내고 공산당과 끝까지 싸워 통일을 이룩하겠다는 각오와 의지를 더 굳건히 갖읍시다.
통일의 과업은 순조롭게만 완성될 수는 없을 것입니다. 그러나 보다 큰 손해와 희생을 치르는 한이 있더라도, 통일을 이루어야 국민도

살 수 있고 나라도 살 수 있기 때문에 더욱 강한 각오를 해야 할 것입니다.

우리가 이제까지 자유와 독립을 위해 많은 피를 흘리며 희생했고, 우방의 귀중한 생명까지 희생했으나, 우리나라의 진정한 독립과 민족의 자유를 위해 더욱 분발하여 통일 과업을 완수할 결심을 하고, 천추만대에 길이 빛날 역사를 남깁시다."

"국민 모두 자유 국민으로서 권리를 찾는 동시에, 자유 국민으로서 우리가 할 일을 해 나가야 정부의 토대가 확고하게 될 것이며, 남북 강토의 통일뿐만 아니라 정신적 통일을 이룩해서 민주국가의 영원무궁한 복리의 기초를 닦아야 할 것입니다.

유엔 위원단의 유일한 목적은 남북통일 완수입니다.

그래서 이북5도에 총선거를 즉시 치르고 국회의원을 선출하여 현 국회 안에 비워둔 1백 석을 채울 것입니다. 우리가 이 일이 빨리 진행되도록 해 주는 것이 통일을 완수하기 위해 우리가 할 일인 것입니다."

"중공군은 분쇄되어 가고 있으며 대량으로 살육되어 압도적으로 패하여 물러가고 있다. 우리는 이렇게 분쇄된 중공군을 왜 38선까지 다시 내려오도록 할 필요가 있는 것인가? 우리는 침략자에 벌을 주려는 것인가? 상을 주려는 것인가?

그러한 제안은 평화안이 아닌 만큼 우리는 그것을 평화안으로 인정할 수 없으며 인정하지도 않을 것이다.

공산군이 압록강과 두만강 너머로 철퇴할 것을 동의하도록 함으로써, 비로소 국제연합이 선언한 제 목적에 합치되는 평화 교섭이 시작될 수 있을 것이다.

원한의 38선 이북에 사는 수백만의 충성한 한국민이 공산당 상전들의 노예로 생활하는 것을 우리는 우리의 힘으로 막을 수 있는 한 그냥 놓아둘 수는 없는 것이다.

한국 정부는 그들을 해방하고 보호할 것을 기도하며, 오로지 그렇게 함으로써만 우리는 그들 동포에 대한 우리의 책임을 다하는 것이고, 그들은 우리가 그렇게 해 줄 것을 바라는 권리를 갖고 있다."

게다가 1951년 4월에는 트루먼이 맥아더를 모든 보직에서 해임했다. 이것은 미국이 1950년 10월에 유엔이 결의한 통일 노력을 완전히 포기한다는 뜻이었다.

맥아더는 '국제연합은 이 전쟁을 한국 지역에 국한하려는 노력을 재고해야 한다'면서, '아시아 전역에서 공산 음모자들에 맞서는 전면전쟁을 해야 한다'고 요구했다.

아시아에서 전면전을 주장한 사실이 알려지면서, 트루먼은 맥아더를 해임했다.

이승만은 전쟁 목표에 대해 의견이 일치했던 맥아더를 잃었고, 이때부터 더욱더 고립무원의 상태가 되어 더 고독한 투쟁을 전개하게 되었다.

그러나 그 뒤로도 이승만은 분단선을 없애려는 외로운 싸움을 포기하지 않았고, 그 고집의 대가는 점차 미국과 해외로부터 통일에 미친 병자, 미치광이라는 욕까지 듣는 것이었다.

그런데 이승만은 어느 날 영부인에게, '통일만 되면 그까짓 욕 듣는 것은 대수가 아니'라며 국외의 혹독하고 모욕적인 비난을 초연하게 넘겼다.

통일 병자

이승만은 통일 목표를 굽히지 않았고, 그런 그에게 세계 우방들은 점차 그를 통일에 미친 노인이니 통일 병자니 하고 불렀다.

그래도 그는 더 이상 분단은 절대로 안 된다며 통일을 포기하지 않고 주장했는데, 통일이 국민과 나라가 살길이라는 신념을 포기하지 않았기 때문이다.

1950년 10월의 경무대 일지에는, 자신들이 직접 싸우지 않고 북한을 내세워 북한에 이어 이제는 한반도 전체에 공산주의 위성국가를 세우려는 소련의 음모를 지적하고 있다.

　　소련은 직접 싸우는 것을 원하지 않고, 자기의 괴뢰들이 싸워 주기를 바라는데, 북한 꼭두각시들은 패배했다. 이것은 철의 장막 뒤에 있는 모든 인민에게 심한 타격을 주는 것이다.

　　따라서 소련은 '한국을 북한에서 몰아내라, 북한의 권력 기구와 법정을 존속시켜라, 유엔이 북한에서 먼저 선거를 진행하고, 나중에 통일을 시켜라' 하는 식의 제안으로, 또다시 단일민족인 한국을 각각 자신들의 세력권으로 갈라놓고자 책동하는 것이다.

　　만약 소련의 이러한 책동이 통하여, 이 비극적 전쟁에도 불구하고 우리 민족의 통일이 이루어지지 않는다면, 그것은 외국의 재분할 목표에는 적당하겠지만, 동족상잔의 엄청난 비극을 치른 당사국인 우리에게는 이 이상의 헛된 희생이 없는 것이다.

　　우리는 이 순간에도 통일의 기쁨을 안고 험난한 북진 길을 달음질치는 우리 아이들(국군)을 생각했다.

　　이미 수많은 젊은 청춘의 꽃들이 졌다.

　　대통령은 이 같은 민족의 비극을 넘어서 희생을 보상해 줄 커다란 목표, 통일을 위해 헌신해야 한다고 말했다.

이승만이 통일을 포기하지 않은 이유는, '고난의 역사를 우리 당대에서 겪어내고, 후손들이 자유와 평화를 누릴 수 있는 길'이 통일이라고 믿었기 때문이다.

끝내 통일을 이루지 못하고 다시 분단으로 전쟁이 종결되고 그 후 75년이 지난 현재, 당시 이승만의 판단이 옳았는지 당시 그를 통일 병자라고 조롱했던 미국 유엔이 옳았는지는 이제 삼척동자도 안다.

"통일 이외 어떤 것도 참혹한 희생의 대가가 될 수 없고, 전쟁의 해결이 될 수 없다."라는 그의 말은 맞았다.

이승만은 소련이 내세우는 공산주의와 타협으로 세계 평화와 안전이 보장되지 않는다는 것을 당시 정확하게 간파했었다.

그러나 이승만이 타협은 공산주의자들이 자신들이 불리할 때 시간을 벌기 위한 책략일 뿐이란 것을 누차 설명했지만, 우방인 미국과 유엔 지도자들은 이승만의 말을 경청하지 않았다.

> 온 민족이 피 흘리며 귀중한 생명과 모든 것을 바쳐 온 이유는, 오직
> 이 나라의 자유 민주 통일을 위해서다.
> 고난의 역사는 우리 당대에서 겪어내고, 후손들은 자유와 평화를
> 누릴 수 있도록 하려고, 나는 어떠한 희생도 각오하고 있다.
> 이번 기회에 통일을 이루지 못한다면, 장래 우리 민족이 겪게 될 더
> 큰 비극과 희생은 누가 막아 줄 것인가?

대통령은 이젠 화를 잘 내고, 고집이 센 사람으로 알려지기 시작했다. 심지어 어떤 이는 대통령을 통일 한국의 초대 대통령이 되고 싶어 하는 야심가로 비꼬기도 한다.

우리의 동맹인 미국은 대통령이 걸어온 생애를 너무도 잘 알고 있을 뿐 아니라, 현재 우리의 어려운 속주머니 사정까지도 훤히 알고 있다.

그런데도 부패하고 돈 많은 사람이라는 당치않은 헛소문을 퍼뜨리는 등, 갖은 수단과 방법으로 통일을 이루려는 대통령을 뒤에서 공격하기 시작했다.

우리나라가 힘을 길러서 우리 힘으로 독립할 때까지 이 모든 것을 참고 견뎌야 한다. 역사가 증명해 줄 때까지, 우방의 친구들이 씌워 주는 모욕과 누명을 참고 견디며, 약소민족 지도자의 십자가를 짊어지고 오직 통일을 위해서만 전력을 다해야만 한다.

우리 국민은 진실을 알기 때문에 거짓 소문에 좌우되지는 않을 것이다.

오직 국민만이 이 어려운 시기에 고난과 역경을 이겨 내고 민족의 역사와 운명을 개척해 나가는 데 힘이 되어 줄 것이며, 이 나라를 지켜 낼 것이라고 믿는다.

1950년 12월, 이승만이 기자들과 인터뷰한 내용을 올리버에게 알

려 주었는데, 공산당은 말이나 문서상 협정 내용을 지키지 않는다고
말하며, 통일이 되고 자유를 찾을 때까지 싸울 결심이라고 알렸다.

"외신기자들이 우리 정부가 공산당과 타협하는 것을 받아들일 것이
냐고 질문하여, 공산도배들과 타협하는 것은 쓸데없는 짓이라고 대
답했소.
과거를 보면 공산당들은 말이나 문서로 체결한 국제협정을 지키지
않소이다. 만일 우리가 지금 타협한다고 해도, 그들이 그러한 협정
내용을 지킬 것이라고 보장할 수가 없다고 말했소.
한국 정부와 국민은 얼마나 오래 걸리더라도 통일이 되고 자유를 찾
을 때까지 계속해서 싸울 결심을 하고 있소.
나는 민주주의와 공산주의 간의 문제가 해결될 때까지 한국에서의
사태가 해결되리라고 믿지 않소.
양 진영 간의 해결이란, 모든 민주국가가 하나의 붉은 세계에 흡수
되든가, 아니면 모든 침략자가 지난 두 세계대전처럼 다 같이 패망
하든가 하는 것이오."

1951년 2월, 이승만은 우리의 목표는 통일이라는 점을 분명히 밝힌
각서를 국무총리에게도 내렸다.

"우리의 입장이 그들(유엔)의 입장이고 우리의 전쟁이 그들의 전쟁이기 때문에, 정당한 생각을 가진 국제연합의 모든 회원 국가는 우리가 목표로 삼아 싸우고 있는 원칙을 튼튼하게 지켜 나갈 것으로 우리는 절대 확신합니다.

겉으로는 민주주의를 지키는 척하면서, 사실은 자유세계의 적을 지지하는 국가들에 의해 다른 회원국들이 영향을 받지 않기를 희망합니다.

국가를 통일하고 우리의 영토를 압록강과 두만강까지 완전히 회복하여, 한반도 경계 안 어느 한 곳도 분단된 곳이 없도록 할 것입니다.

우리는 우리나라의 완전 통일 이외에는 그 어떤 것도 절대로 수락할 수 없습니다."

통일을 강조하는 국민 담화도 종종 발표했다.

"한만 국경에 이르기 전에 정지하게 된다는 것은 아무 의미도 없는 것이다.

이제껏 달성해 온 모든 승리라는 것은 다 헛것이 되어 버릴 것이며, 조만간 다시 큰 싸움을 하게 될 것이다.

한국의 진실한 벗이라면, 공산주의의 진실한 적이라면, 결코 이 전쟁이 최후 목적인 한국의 통일과 독립을 완수하고 완전한 승리를 획득하기 전에는 어디서든지 간에 정지하지 않을 것이다."

그러나 지치지도 않고 한 치도 물러서지 않는 이승만의 통일 주장은, 어느 기자의 표현대로 그를 우방들로부터 '인기 없게' 만들어 버렸다.

'한반도 영토 안에 어느 한 곳이라도 분단선이 없도록'하려던 그가 통일의 꿈을 포기하지 않은 대가는, 유엔 미국의 우방들과 갈등이 격화되고 신랄한 공격 대상으로 비난받고, 갖은 욕을 듣고 나아가 점차 미국으로부터 심각한 제거 위협까지 받는 것이었다.

해방 전에는, 나라를 잃은 비극을 모르는 사람들 특히 친일 외국 인사 중에서 이승만을 '독립에 미친 노인'이라고 비웃은 적이 있었다.

이제는 우방 지도자 중에 '통일에 미친 병자'라는 말을 하는 사람이 생겨났다. 이에 대해 이승만은 프란체스카에게 다음과 같이 말하며 웃었다.

"나는 또다시 '미치광이' 소리를 들어야겠어.
미치광이는 독립운동 당시에 듣던 그 말이야.
그러나 앞으로는 우방의 정치인들로부터 미치광이라는 소리를 들을 것인데, 그러나 통일만 된다면, 그것이 얼마나 감수하기 좋은 욕이겠는가!"

또, 그는 "어떤 국가의 앞잡이나 꼭두각시가 되어 나라를 팔아먹는 자가 되지는 않겠다."라며, 휴전 협정이 체결되기까지 일체 타협도 굴복도 하지 않았다.

확실히, 통일이 될 때까지 전쟁을 계속해야 한다는 주장은 인기 있는 것도 아닐뿐더러, 더구나 자국의 전쟁이 아니라 남의 나라를 도와주고 있는 미국과 우방국들의 입장에서는 또 2차 대전 이후 전쟁 비판 여론이 높았던 당시에는 전쟁주의자로 비난받기 충분한 주장이었는지도 모른다.

이승만의 호소를 이해하고 공감하는 우방국 사람들은 맥아더 장군 해임 이후에는 아무도 없었다.

1952년. 국군 12·15사단 창설식의 이 대통령, 양양.

제10장

휴전 협정

휴전 회담 시작

유엔이 한국전쟁을 휴전으로 종결하려고 논의하기 시작한 것은 1950년 12월부터다. 1950년 12월 14일, 유엔 총회에서 휴전위원회 설치안이 가결되었다.

10월 7일, 북한군을 반격하여 유엔군이 38도선을 탈환했을 때, 유엔은 '한반도 통일'을 결의했었다. 그런데 중공군의 침략으로 전세가 다시 불리해지자, 통일 목표를 철회하고 대신에 공산 세력과 휴전하는 쪽으로 변경했다.

즉, 통일에서 휴전으로 정책이 선회한 배경은 예상치 않은 대규모 중공군의 공격이었다.

미국은 중국 모택동의 침략 이후 고전을 면치 못하자 1950년 10월의 결의를 포기하고, 중국과 협상 타협하여 한반도 분단을 유지하는 방향으로 정책을 바꾸었다.

이 결정의 대의명분은 '소련이 참전하여 세계대전으로 확전되는 것을 피하는 것' 즉, '세계 평화를 지키는 것'이었다.

1951년 2월 1일, 비록 미국이 제안한 중국을 침략자로 규정하는 결의안이 유엔에서 채택되었다고는 하나, 유엔은 이승만의 요구대로 중국을 한반도에서 완전히 몰아내고 전쟁을 승리하는 것은 별 관심이 없어졌다. 대신에 침략자 중공과 협상하여 38선을 다시 복원하고 휴전으로 전쟁을 서둘러 끝내는 '평화'적인 방법을 선택했다.

미국도 이승만 주장처럼 침략자를 압록강 국경 너머로 완전히 몰아내는 것을 목표로 한 것이 아니라, 다만 한국의 38선 위로 몰아내는 것에만 목적을 두었다.

그 결과, 이승만과 전쟁 목표가 일치했던 맥아더는 곧이어 4월 10일, 트루먼에 의해 해임되었다.

해임에 앞서, 맥아더는 미국 합동참모본부로부터 그의 의견을 묻는 전문을 받았다.

한국은 대규모 전쟁을 치를 곳이 아니다.
미군의 1차 사명은 본래 한국이 아니라 일본 방위이기 때문에, 한국
에서 전면 철수할 시기와 방법에 대한 장군의 판단을 말해 달라.

맥아더는 아래와 같이 답변했다.

한반도에서 전쟁을 계속하는 한, 해군으로 중국 본토 봉쇄, 중국의 전쟁 관련 시설 폭격 허용, 대만 국부군 파병, 장개석의 중국 해안 침투 통한 양동작전 개시 등으로 전쟁에 이길 수 있다.

또 앞에서 지적했듯이, 1951년 2월 13일 맥아더는 '국제연합은 이 전쟁을 한국 지역에 국한하려는 노력을 재고해야 한다. 아시아 전역에서 공산 음모자들에 맞서는 전면 전쟁을 요구한다'는 성명서를 상원 위원회에 보냈다.

맥아더는 미국의 유화 정책을 자살 정책이라고 이야기하며 군사적으로 완전한 승리를 이루어 38선을 없애는 전면전을 주장했고, 반면 38선을 복구시키는 것을 목표로 한 트루먼은 그를 해임했다.

이승만은 북진 공격에서 자신과 생각이 같았던 '내 편'인 유엔군 사령관을 잃었지만, 그럼에도 굴하지 않고 우리 민족을 다시 분단시키는 유엔의 정전 결정을 반대하는 고독한 투쟁을 끝까지 포기하지 않았다.

유엔군이 아니면 단독으로라도 북진하겠다고 말했고, 그는 이 결사 항전 결의를 1953년 휴전되기까지 한 번도 굽히지 않았다.

이승만은 생각했다. 그들이 말하는 세계 평화란 공산 침략 위협에 굴복하는 것과 같다고. 공산주의와 타협과 협상은 지금까지 역사를 볼 때 항상 말뿐으로 언제든 폐기해 왔기 때문에 믿을 수 없다고. 공산 세력과 대화와 타협으로 문제를 해결하는 것은 실현 불가능하며, 따라서 전장의 문제를 회담으로 해결하려는 시도는 헛된 것이라고. 또 타협은 그들에게 더 큰 침략과 위협을 할 수 있는 힘을 키울 수 있는 시간을 벌어 주는 것이기 때문에, 그 결과 분단된 한국 국민은 장차 계속하여 더 큰 위협과 침략을 받아 국가 안전을 보장할 수 없다고 판단했다. 그래서 그는 반대했다.

이승만은 자신의 주장을 끝까지 고수했고, 그 결과 그는 맥아더처럼 미국 지도자에게 합법적으로 해임되지 않는 위치였으나 대신 불법적이거나 공작으로 대통령직에서 제거되거나 암살될 위협을 받았다.

위험의 절정은 이듬해인 1951에서 1952년 대통령 직선제 개헌을 둘러싸고 국내 정치 상황이 혼란했던 때(부산 정치파동)와, 그리고 1953년 6월 한국에 남기를 원하는 공산군 포로 중 2.5만 명을 일방적으로 석방했을 때였다.

자신들의 뜻대로 움직이기 쉬운 인물(장면 신익희 조병옥 등)을 지원하려는 미국과 국내 정치인들(내각제 개헌 세력 등)과 또 이승만의 집권을 바라지 않는 일본까지. 이승만이 제거되기를 희망하는 국내외 세력의 위협과 공작에 맞서, 이승만은 대통령제로 개헌하고 다시 대통령에 당선되면서, 미국과 유엔의 휴전 정책에 맞서 계속하여 투쟁할 수 있었다.

그러나 이승만의 반대에도 불구하고, 휴전 회담은 시작되었다.

1951년 6월 23일, 소련 야콥 마리크는 유엔의 라디오 방송에서 "휴전을 위한 교섭을 진행해야 한다."라고 말했다.

영국 등 유엔은 이 제안을 환영했고, 이승만은 전세가 불리해지자 소련이 북한 땅만이라도 계속 점유하기 위한 술책이라고 비난했다.

7월 3일, 이승만은 트루먼에게 한반도 통일이 전쟁 목표임을 밝히고 휴전 협상을 반대한다는 전문을 발송했다.

하지만 유엔군 사령부는 북한에 휴전을 제안했고, 7월 10일 개성에서 첫 회담이 열렸다.

그런데 처음 유엔군이 제안한 휴전 회담 장소는 당시 원산에 정박 중이던 덴마크 병원선 '유틀란디아'호였다. 그러나 북한이 제안한 개성으로 최종 결정되었고, 개성은 종전 후에 그대로 북한에 내주게 되었다. 또, 휴전 회담도 유엔군에서 먼저 북한군에게 요구하는 방송을 24시간 동안 내보내어 패배자가 애원하는 듯한 인상으로 첫 휴전 회담을 시작했다.

휴전 회담이 시작되자 이승만은 전쟁이 곧 종결되리라는 위기감에 사로잡혔다. 휴전 회담의 한국군 대표인 백선엽 장군을 통해서 유엔 대표 측에 보낼 성명서를 제출했다. 한국군 단독으로라도 북진하도록 허가해 달라는 것이었다.

"모든 공산 침략자가 한국에서 축출되고, 대한민국 정부 아래 국토
가 통일될 때까지, 전쟁은 계속되어야 한다.
유엔군 사령부는 이 요구를 동의해 주시고, 만일 미국과 유엔 총회
의 조약 때문에 불가능하다면, 한국 국군에게 자체적으로 북진하도
록 권한을 주고 원조할 것을 요구한다."

한편, 1951년 7월 휴전 회담이 결정되자, 미군은 한국군 대표로 백
선엽 장군을 추천했다.
백선엽의 회고에 따르면, 그가 경무대로 이 대통령을 찾아갔을 당시
에도 이승만은 휴전을 반대하는 뜻을 밝혔다.

이승만: 지금 우리나라 땅에 1백만 명이 넘는 중공군이 와 있는데,
미국은 휴전 회담을 하려고 하네. 이게 말이 되는가? 우리는 통일이
목표야. 지금 휴전하는 것은 국토를 분단하자는 얘기지. 그래서 나
는 절대로 반대야.
백선엽: 저는 어디까지나 대한민국 군인입니다. 육군 참모총장이 휴
전 회담 대표로 나가라고 연락했지만, 각하의 뜻이 그러시다면 회담
장에 나가지 않겠습니다.

이승만: (불만에 가득 찬 표정으로) 미국 사람들이 저렇게 나오니 안 나갈 수는 없어. 미국 사람들과 협조하는 의사를 보여야 하니, 참석하게.

얼마 뒤, 이승만은 친서 임명장을 백 장군에게 전달했고, 대통령의 참석 허락을 받은 백선엽 장군은 휴전 회담에 참석했다.

"나는 우리나라를 분단하는 유엔군 측의 어떤 협정도 원하지 않는다. 그러나 유엔 측과 협력하여 휴전 회담에 계속 참석하기를 바란다."

한국이 요구한 휴전 회담 조건은, 중공군 철수, 북한군 무장 해제, 한국에 관한 유엔 회의에 한국 대표 참석 그리고 한국의 주권과 영토 보전 등이었다.

그러나 한국전쟁인데도 불구하고, 회담장에서 한국 측의 요구는 거론조차 되지 않았다.

백선엽은 휴전 회담에서 양측의 수석대표 외에는 발언권이 없어, 가만히 자리에 앉아 건너편 앞에 앉아 있는 북한군 대표와 눈싸움하는 것 말고는 달리 자신이 기여할 수 있는 역할이 없었다고 한다. 무엇보다도 대통령을 비롯하여 한국은 휴전을 강하게 반대하는 분위기였다.

결국, 백선엽은 이 대통령의 친서를 받아 임명되었음에도 한국군 회담 대표를 2개월 뒤에 사퇴하고 야전 사령관으로 되돌아가, 당시 지리산 일대 남부에서 전선을 형성하고 후방을 교란하고 있는 수만 명의 게릴라부대를 진압하는 전투를 지휘했다.

이승만은 내키지 않았으면서도 한국군 대표를 휴전 회담장에 참석시켰으나, 갈등이 격화되면서 이후에는 아예 한국군 대표를 불참시켰다.

따라서 정전 협정이 체결되던 1953년 7월 27일, 한국군 대표는 참석하지 않은 채로 중공군 북한군 그리고 미군 대표만 참여하여 휴전 협정서에 서명하고, 협정 서명서에 한국군 대표의 서명은 빠지게 되었다.

이승만이 한반도 분단을 반대하고 정전을 반대한다는 거부와 저항의 표시였다.

세계의 이승만 비난

1951년 7월, 양측에서 휴전 회담이 시작되면서 정전은 이미 기정사실화되었음에도, 이승만은 홀로 휴전 회담을 반대하는 목소리를 냈다.

"모든 공산 침략자가 한국에서 축출되고 대한민국 정부 아래 국토
가 통일될 때까지 전쟁은 계속되어야 한다.

공산주의와 타협은 없으며, 절대로 공산주의에 굴복하지 않을 것
이다.

한국의 완전한 통일과 자유를 찾는 것만이 전쟁의 목표이며, 그 이
하의 어떤 것도 우리는 만족할 수 없다."

"공산군은 지금 참호 속에 웅크리고 앉아 벌벌 떨고 있습니다. 대부
대의 증원이 없었던들 그들은 지금까지 패배한 것입니다.

우리는 국제연합이 지금의 진격을 멈추지 않기를 바랍니다."

이승만은 공산주의와의 타협과 공존으로 자유, 평화와 안전을 보
장하지 못한다는 신념에서 한 치도 물러서지 않았다. 공산 침략으로
부터 완전한 승리가 곧 한국인의 행복, 자유와 권리를 보장하는 길이
라는 자신의 판단을 고수한 것이다.

그리고 반복하여 말하면, 그 결과로 그가 받은 것은 미국과 유엔
우방국들로부터의 극심한 비난과 혹평 그리고 경멸과 모욕이었다.

인도(네루), 중동 지역 국가들, 미국 특히 영국은 이승만을 무시하고
경멸했다.

1951년 7월 4일 독립 기념일 연설에서, 트루먼은 "우리에게 한국은,

보다 넓은 투쟁의 한 부분에 지나지 않는다."라면서 이승만의 판단이 잘못된 것인 양 비난했다.

1951년 7월, 영국의 한 일간지는, "이승만은 영국이 받아들일 수 없는 인물"이라고 말했다.

또 다른 영국 일간지는, "이승만은 교섭을 복잡하게 만들지 말라."라고 경고했다.

1951년 7월, 한 일간지는 이승만과 한국을 무시하고 모욕하는 아래와 같은 사설을 실었다.

엉뚱하고 형편없는 이승만을 경계할 필요가 있다.
국제연합은 우선순위로 보아도 뒤지고 자기네들 관점에서 보아도,
한국과 같은 그처럼 별 볼 일 없는 구석진 곳에, 다시는 자진해서
싸우러 가지는 않을 것이다.
한국은 하나의 연극 연습장에 지나지 않는다.
진짜 연기는 유럽이 될 것이다.

맥아더가 해임되고 나서, 전쟁을 계속하여 한반도를 통일해야 한다는 주장을 동조하는 사령관은 없었다.

1951년 3월, 무초 미국 대사도 이승만에게 전쟁을 주장하는 것은 세계대전을 선동하는 것이라고 말했다.

무초: 각하, 제3차 세계대전을 선동하고 계신 것은 아니겠지요? 우리는 소련군이 밀고 내려오는 것을 원치 않습니다. 만일 그렇게 된다면, 한국은 최악의 사태로 빠지게 될 것입니다.

이승만: 우리가 싸우기만 하면 우리나라를 되찾게 될 것이고, 동시에 노예 생활을 하는 세계 모든 국민에게 격려를 보내게 될 것이오. 그러나 만일 지금 유화정책을 쓰기 시작한다면, 당신들은 훗날 그 대가를 치르게 될 것이고, 더 많은 미국 사람의 생명도 희생될 것이오.

1951년 여름, 한 미국인 기자가 이승만에 대한 세계의 비난 여론을 지적했다.

기자: 각하의 휴전 반대는, 미국에서 각하를 매우 인기 없게 만들고 있습니다.

이승만: 나는 연기 경연대회에 나와 있는 것이 아니오.

이승만은 기자에게 재치 있게 응수하면서, 인기에 영합하지 않고 세간의 평에 굴복하지 않는 강건한 원칙주의자의 면모를 보여 주었다.

이승만이 온갖 국내외의 모욕과 압력에도 불구하고, 시종일관 휴전을 거부하고 한반도에서 공산주의 세력을 몰아내고 자유 민주국가로 통일하려고 노력한 것은, 근본적으로는 그의 공산주의에 관한 판단에서 비롯된 것이었다.

> 자유와 공산주의는 상극이다. 이 두 가지는 합쳐질 수가 없다.
> 공산주의와의 타협은 불가능하다.
> 그것은 마치 기름과 물을 섞으려는 것과 같다.
> 판문점에서 추구한 휴전은 본래 잘못된 것이다.
> 그것은 이 세계를 화해할 수 없는 부분으로 갈라놓은 깊은 구조적
> 간격을 땜질하려는 시도이기 때문에, 온전한 해결 방안이 될 수 없
> 는 것이다.

맥아더가 해임되기 직전인 1951년 3월, 이승만은 미국과 유엔이 소련의 참전을 우려해서 휴전을 결정한 것을 비판했다. 또 소련과 평화적 방법으로 해결하려는 정책이 잘못되었다는 것을 올리버에게 설명하였다.

> "이제 전쟁은 우리의 승리로 끝날 때가 가까웠으므로, 모든 유화론
> 자와 친공 선동 분자들은 우리가 더욱 북진하여 적을 밀어내는 것
> 을 반대하는 각종의 비논리적 구실을 일삼아, 우리를 38선에서 발
> 길을 멈추게 하려고 광적으로 날뛰고 있소.
> 맥아더 장군은 완전한 승리를 바라고 있고, 이런 입장에서 미국을

동원하려고 노력 중이오. 리지웨이 장군은 38선에서 멈출 생각이 없다는 뜻을 보여 주었소.

우리의 전쟁이 세계대전으로 번질 것을 두려워하는 사람들의 생각과 달리, 만일 소련이 정말 자진해서 전쟁에 뛰어들려고 한다면, 우리가 중간에서 멈추든 경계선에서 멈추든, 그자들은 준비가 되면 어느 시각에도 그 짓을 할 것이오.

그런데도 국제연합, 이 사람들은 자기들이 한국 문제를 평화적 방법으로 해결해야 한다고 말하고 있소.

어떻게? 유화 정책 말이오? 미국 정부가 이 방법을 시도해 본 적이 없소?

군정 당시, 하지 장군도 걸핏하면 이 말을 했소. 그는 전쟁을 야기할 수 있으니까 소련을 자극하지 말라고 우리에게 말했던 것이오.

그는 공개적으로 공산당과 싸우지 못하도록 우리를 막았소. 그렇게 하면 문제를 평화적으로 해결하기가 매우 어려워지기 때문이라는 게 이유였소.

그는 모든 수단을 다하여 소련을 회유하려고 했으며, 마지막에는 환경에 따라 자기 실수를 인정하지 않을 수 없게 되었던 것이오.

우리가 소련을 회유하려고 하는 한, 미국은 어느 지점에서도 전쟁에 지는 결과를 가져왔소."

그는 자유 민주와 공존할 수 없는 공산주의를 한반도의 어느 한 곳도 용납하지 않아야, 한민족의 장래 평화와 안전이 보장된다고 믿었다. 따라서 그로서는 '휴전이 더 크고 무서운 침략의 서곡이 될 것'으로 믿었기 때문에 수락할 수 없었다. 한국의 미래까지 내다본 판단이었다.

휴전 협정 체결

"분단은 장래 평화에 위험이 되고, 한국이 영구적으로 불안과 불안정한 상태에 놓이게 될 것이고, 한국 독립에도 돌이킬 수 없는 치명타가 되고, 더 큰 민족 비극을 초래할 것이고, 휴전은 더 무서운 침략의 서곡이 되는 가짜 평화이기 때문에, 나는 휴전을 반대한다."

이승만의 이 생각은 전쟁이 끝나는 순간까지 바뀌지 않았다. 오히려 그는 소련과 공산주의자들의 숨은 속내를 미국과 유엔 당사자들에게 알리는 데도 주력했지만, 아무도 그의 의견을 귀담아듣지 않았다.

1951년 6월, 이승만은 「더 무서운 전쟁의 서곡이 될 어떠한 평화 제안도 수락치 않는다」라는 제목의 담화에서, 소련이 제시한 휴전의 평화안이 속임수라는 사실을 밝혔다. 소련 공산주의자들이 '평화'를 운운하며 휴전하려고 하는 속셈과 간계를 꿰뚫는 예리한 분석을 주목할 만하다.

"어느 인위적 경계선을 가지고 이 나라를 나누는 조건이 포함된 소위 평화안이라는 것은, 어느 것이고 간에 남북의 전 한국인이 도저히 수락할 수 없다.

공산 침략자가 한반도의 어느 일부라도 계속 점유할 수 있게 놓아두자는 제안은, 결국 이 나라에 대한 모욕이 될 것이다.

소련의 지도자들이 지금 평화를 원하고 있다는 사실은, 바로 그들이 자기네들의 패배를 자인하는 것을 말한다.

그들은 자신들이 무력으로 통일을 성취할 수 없게 되자, 이제 와서 양면 외교를 통해서 그것을 완성해 보려고 하는 것이다.

그러나 소련 지도자들이 그들의 말을 충실히 지킬 것이라고 믿을 만큼 순진한 사람은 세계에 하나도 없을 것이다.

국제연합의 평화안과 소련의 평화안은 각각 별개의 다른 것이다. 만약 국제연합이 소련 측 제안을 수락하게 된다면, 그것은 유엔을 파괴하려고 하는 소련 지도자들의 간계에 스스로 빠지는 것이 될 것이다.

유엔이 이 함정에서 빠져나오지 못한다면, 세계 인민의 눈에 국제정의의 법정인 유엔의 지위는 상실되고 말 것이다. 따라서 우리는 유엔이 소련 측 제안을 대수롭지 않은 것으로 여기리라 믿는다.

도대체 언제부터 소련 지도자들은 그렇게 세계 평화를 갈망해 왔는가?

그들이 남한을 자기네들 영향권 안으로 집어삼키려고 (북한군을 앞잡이로 내세워) 무력 남침을 개시하였을 때, 그들은 평화를 원하고 있었던 것인가?

우리 국민을 학살하고 우리 국토를 파괴하는 것이 세계 평화를 보장하기 위한 노력이었던가?

소련을 포함한 국제연합의 몇몇 국가는 38선으로 한국을 분할했고, 또 이번의 전쟁을 일으켰고, 앞으로 또다시 전쟁을 일어날 수 있는 똑같은 상태를 다시 복원하려 애쓰고 있다.

이것이 평화 제안이라는 것인가?

중공군은 분쇄되어 가고 있으며 대량으로 살육되어 압도적으로 패하고 있다. 우리는 이렇게 쳐부순 중공군을 왜 38선까지 다시 내려오도록 할 필요가 있는 것인가? 우리는 침략자에 벌을 주려는 것인가? 상을 주려는 것인가?

그러한 제안은 평화안이 아닌 만큼 우리는 그것을 평화안으로 인정할 수 없으며 인정하지도 않을 것이다. 공산군을 압록강과 두만강 너머로 철퇴시킨 후에야, 비로소 국제연합이 선언한 제 목적과 합치되는 평화 교섭이 시작될 수 있을 것이다.

유엔이 어떤 결정을 할 때는, 반드시 사전에 잔인한 공산주의자의 공격에 전 인류가 멸망하도록 방치하느냐, 그렇지 않으면 고난을 겪으면서도 승리를 획득하고 침략자를 처벌하여, 자유 통일된 한국이 모든 국가의 대소를 막론하고 자유의 권리를 가질 수 있다는 신성한 원칙에 대한 영원한 기념탑으로서 존속될 수 있게 하느냐를 생각한 줄로 믿는다.

한국 정부는 정의와 영구한 평화가 한국에 수립되기를 열망하는 것이다.

우리가 원하는 평화는 정의에 의한 영구적인 것이어야 한다는 것을 잊어서는 안 된다.

싸움이 빨리 끝나서 우리의 병사들이 집으로 돌아가 가족을 만날 수 있게 되는 것은 누구나 다 원하는 바다.

그러나 이러한 평화에 대한 갈망으로 말미암아, 우리가 적의 모략에 빠져 결국 허무한 것에 지나지 않게 될 것을 받아들여서는 안 될 것이다.

첫째, 모든 한국인은 민족 통일을 원하고 있다. 남한 사람에 지지 않게 38선 이북에 사는 한국 남녀들은 하나의 정부 즉 대한민국 정부 밑에 통일되기를 원하고 있다.

따라서 과거 5년 동안 우리의 국토를 나눠 온 인위적인 경계선을 또다시 만들려는 여하한 제안에 대해서는, 우리 한국민은 깊은 실망을 하게 될 것이다.

둘째, 협정을 하려면, 반드시 한국민에 대한 공산 침략이 장차 또다시 일어나지 않으리라는 확실한 보장을 주어야 한다.

셋째, 한국민은 그들이 민주적이고 합법적으로 선출한 대표들 즉 한국 정부를 통하여 평화 교섭이 진행되는 동안 계속 협의를 받고 정보를 받을 수 있게 되어야 한다.

그러나 우리는 조속한 평화라는 허황한 약속에 속아서, 결국 더 크고 더 무서운 전쟁의 서곡이 될 어떤 평화 제안(휴전)도 수락하지 않음을 전 세계에 경고하는 것이다."

그러나 1953년 3월에 소련 스탈린이 사망하자, 중국과 북한이 회담을 재개하자고 제의하면서, 장기간 열리지 않던 휴전 회담이 재개되었다.

그동안 공산국가 측에서 반대했던 부상자 포로를 즉각 교환할 것을 제의했고, 이어서 6월에는 그동안 합의가 되지 않고 첨예하게 대립했던 반공 포로 송환에 대해서도, 중립국 감독 아래 전쟁 포로를 교환하는 것으로 양측 대표들이 합의했다.

그러나 마크 클라크 유엔군 사령관과 부리그스 미국 대사가 이승만을 방문했을 때도, 그는 변함없는 자신의 의견을 피력했다.

"한가지 우리가 시종일관 주장하는 것은, 우리 영토에서 중공군을 철수시키는 일이오. 그렇지 않고서는 평화적인 해결은 있을 수 없소.

당신들의 협박이 내게는 효과가 없소.

우리는 살고 싶소. 우리는 살아남기를 바라오.

우리의 운명은 우리가 정하겠소."

하지만 정전이 눈앞의 기정사실로 다가오자, 이승만은 몇 개의 휴전 수락 조건을 미국에 제시하고, 이 조건들이 충족되면 휴전을 수락하겠다고 밝혔다.

그런데 만족할 만한 답변을 받지 못하자, 그는 미국과 세계가 놀랄 파격적이고 극단적인 방법을 선택했다.

6월 18일, 이승만은 한국 포로수용소에 있던 공산군 포로 중에 북한이나 중국의 고국으로 돌아가지 않고, 한국과 자유중국에 남기를 원하는 포로(반공 포로)를 일제히 석방했다.

이승만이 노린 것은 반공 포로 석방이라는 극단의 조치로 휴전 회담을 무산시키는 것이었다.

그러나 공산 세력이 강력하게 반발하며 회담을 깰 것으로 기대했던 이승만의 예측과는 달리, 북한과 중국은 회담을 계속 진행하기를 원했고, 결국 휴전 회담은 곧바로 속개되었다.

그런데 하루빨리 전쟁을 끝내기를 원했던 미국의 아이젠하워 대통령은, 이승만을 설득하려고 국무부 인사인 로버트슨을 한국에 파견하였다.

이승만은 로버트슨과 회담에서 휴전 뒤에 한국이 군사상 안전을 보장받을 수 있는 조건들을 요구했고, 이를 통해 미국과 방위조약을 체결하는 성과가 있었으니, 이승만의 반공 포로 석방은 기막힌 전략으로 성공한 셈이었다.

한편, 휴전 협정의 주요 사항 중에는, '휴전 이후 90일 이내에 정치회담을 통해서 한반도의 통일'을 이룬다는 내용이 있었다.

전쟁에서 무력으로 이루지 못한 통일을, 회담장에서 협상으로서 평화적으로 이룬다는 것인데, 이승만은 이 정치회담에 대해 회의적이었다.

그는 '전쟁터에서 이루지 못한 통일을 회담 자리에서 이루지 못할 것'이라고 판단했고, 평화적 방법으로 통일은 불가능하므로 끝까지 북진 공격을 주장했다.

하지만 종전이 눈앞에 다가오는 상황이었고, 이제 이승만은 종전 뒤에 한국의 안보를 지킬 방안을 강구해야 했다.

그리고 그는 반공 포로 석방이라는 묘책으로 정전을 막지는 못했지만, 그가 요구한 방위와 경제 원조에 대한 약속을 미국으로부터 받아냈다.

하지만 그렇다고 하여, 이승만이 휴전 협정을 찬성한 것은 아니었다. 시종일관 통일을 주장한 그는 분단을 다시 살려내는 휴전을 마지막까지 찬성하지 않았고, 미국으로부터 방위조약을 약속받은 대신에 휴전 회담을 방해하는 행동을 하지 않겠다는 약속을 했다.

그는 아이젠하워 대통령과 덜레스 국무 장관에게 편지를 썼다.

"나는 믿음을 가질 수는 없지만, 당신들이 꾸미는 휴전을 그대로
하도록 내버려 두겠소.

그러나 만일 그것(회담)이 실패로 돌아간다면, 당신들은 대한민국에
대해 단단히 책임이 있다는 것을 기억해야 할 것이오."

그리고 이승만은 내키지는 않지만, 약속대로 중국군과 북한군 그
리고 미군 대표가 휴전 협정서에 서명하고 전쟁이 종결되는 것을 지
켜보았다. 막상 전쟁 당사국인 한국은 휴전을 반대하였기 때문에, 한
국군 대표는 참석하지 않은 채 이루어진 정전 협정이었다.

이승만은 휴전이 '더 큰 전쟁의 준비 행위이고 더 큰 내란의 서막'
이 될 것을 우려하여 반대 의사를 분명하게 표명했고, 따라서 이승만
은 서명을 거부했다.

휴전 협정이 체결되고 얼마 뒤 1953년 8월, 미국과 상호방위조약을
성공시킨 뒤에 이승만은 성명을 발표했다.

"휴전 협정은 전쟁을 줄이는 것이 아니라, 오히려 더 큰 전쟁의 준비
행위이고, 더 많은 고난과 파괴를 불러오며, 전쟁과 내란에 의한 공
산당의 더 많은 침략 행위의 서막이 되리라는 확신 때문에, 나는 휴

전 협정 서명에 반대해 왔던 것입니다.

그러나 이제 휴전이 서명되었으니, 내 판단이 틀리기만을 기원할 뿐입니다.

정치회담이 한국의 해방과 통일문제를 평화적으로 해결하려고 노력하는 동안, 나는 휴전을 방해하지 않을 것입니다.

미국과 우리가 양해한 사항은, 상호 간의 이해가 얽힌 이 지역의 안보를 위해서 양국 간에 우호적인 협력을 약속하고 있습니다.

남한의 재건 사업은 신속하고도 효과적으로 진행될 것입니다. 공산당도 북한에서 우리만큼 노력할 것인지는 아무도 모릅니다.

여전히 공산 학정 밑에서 고통받게 될 우리의 불쌍한 동포들에게 나는 이렇게 외치는 바입니다.

'절망하지 마시오. 우리는 결코 당신들을 잊지 않을 것이며 저버리지 않을 것입니다. 우리의 잃어버린 이북5도와 북한 동포들을 다시 찾고 구출하려는 한국 국민의 근본 목표는, 과거에도 그랬고 앞으로도 그대로일 것입니다.'"

1953년. 정전 협정에 서명하는 클라크 유엔군 총사령관.

제11장

•

포로 석방

포로 석방 배경

1953년 6월. 이승만이 기습적으로 반공 포로를 석방한 이유는, 공산군이 강하게 반대하여 유엔군과 양측 간에 오랫동안 합의가 안 되던 반공 포로 문제가 타결됨으로써 곧 휴전 서명이 임박해지자 휴전 회담을 막아 보기 위함이었다.

1951년 7월 시작되어 1953년까지 꼬박 2년간 장기 지속된 휴전 회담에서 합의를 보지 못한 주요 쟁점은 포로 교환 문제였다.

북한과 중국은 개인 의사와 상관없이 포로를 모두 자국으로 강제 송환하라고 주장했다. 유엔군은 북한과 중국의 공산군 포로 중 수만 명에 달하는 사람이 본국으로 송환되기를 거부하고 있어서(반공 포로) 본인의 의사를 존중해야 한다고 주장했다.

수만 명의 공산군 포로가 자신의 나라로 귀국하기를 거부한다는 것은, 막 수립한 북한과 중국의 공산국가 체제가 실패한 것임을 적나라하게 증명하는 징표이다. 그렇기 때문에 북한과 중국은 끝까지 이들의 강제송환을 주장한 것이고, 유엔은 그들이 본국으로 강제 송환될 경우에 학대와 압박을 받을 것을 우려하여 포로들이 원하는 한국과 대만으로 송환해야 한다고 주장했다.

따라서 1951년 7월 시작된 휴전 회담은 대만이나 한국의 자유세계로 송환되기를 희망하는 공산군 포로의 교환 문제로 1953년 3월까지 진척이 되지 않고 있었다.

한편, 이 기간 이승만은 휴전 회담의 진행과 별개로 분단을 강력하게 반대하는 목소리를 계속 내고 있었다.

1952년, 미국의 대통령 선거에서 당선된 아이젠하워가 방한을 하자, 이승만은 분단을 막는 마지막 희망으로 여겨 아이젠하워를 설득하려고 노력했다.

그냥 돌아가려는 아이젠하워를 가까스로 설득하여 경무대를 방문하게는 했지만 그는 '공산군을 북한 땅에서 몰아내는 것이 세계 평화에 이바지하는 것'이라는 골자의 이승만이 이야기하는 한국의 통일 호소를 한마디 말없이 듣고만 있었다. 그러다가, 밴 플리트 장군이 준비한 전쟁 상황 보고는 듣지도 않고 황급히 자리를 떠났다.

그리고 그는 이승만 보란 듯이, 미처 미국 땅에 내리기도 전 상공에서 '휴전을 조속히 진행하라'는 성명을 귀국 비행기 안에서 발표했다. 애당초 아이젠하워는 이미 방한 전에 트루먼에 이어 휴전을 결정한 상태로 방한했던 것이다.

아이젠하워 설득이 실패하고. 북한을 해방하여 통일을 이루려고 하는 이승만의 계획을 지원하는 우방의 국가와 지도자는 아무도 없는 상태에서, 1953년 3월 소련 스탈린이 사망하자 4월에는 휴전 회담이 재개되었다.

회담이 재개되고 그동안 합의가 안 되던 포로 교환 문제 등을 급속하게 합의했다. 협정의 주요 내용은 우선 공산국가로 돌아가기를 거부하는 포로들을 중립국 송환 위원회 감독 아래 38선 비무장 지대의 임시 수용소에 몇 달간 수용한 뒤에 포로들이 원하는 나라로 송환하는 것. 그리고 휴전 협정 이후에 3달 이내에 정치회담을 열어 평화적으로 한반도 통일을 이룬다는 것이었다.

이승만은 두 가지 모두 반대했다. 공산군 측이 면접 시에 포로들에게 회유와 협박을 할 우려가 있다는 점과, 또 회담으로는 한반도 통일을 이룰 수 없다는 판단에서였다.

그러나 6월에 들어서 양측이 포로 교환을 전격 합의하면서 회담이 막바지에 이르렀다. 그러자 이승만은 휴전 이후 한국의 안전을 보장하는 방법을 마련하려고 휴전을 수락하는 3개의 조건을 미국에 요구했다.

하나, 미국은 앞으로 외부 공격에 대하여 대한민국을 방어할 것을
보장하는 조약을 양국 간에 체결할 것.
둘, 전쟁으로 파괴된 남한 재건을 위하여 대규모 원조를 제공할 것.
셋, 통일을 위한 새로운 노력의 일환으로, 한국 국군을 지원하는 미
국 공군과 해군이 남한에 계속 주둔할 것.

아이젠하워는 한국 방위 보장과 경제 원조의 2개 항은 수락할 뜻
을 보였으나, 3항의 통일을 위한 북진은 찬성할 수 없다고 밝혔다.
이승만은 기자회견을 통해 단독 북진 의지를 강조하는 투쟁 선언
을 발표하고, 강경 대응을 예고했다.

"우리는 국제연합이 휴전을 수락하고 전투를 중지할 경우, 끝까지
싸움을 계속할 결의를 밝혀 두는 바다.
고난의 길은 우리 시대에 겪고, 우리 후손들은 평화를 누리도록 할
것이다."

그리고 이어진 조치가 6월 18일, 남한에 있는 7개의 포로수용소를
개방하고, 공산군 포로 중 자유 국가로 송환되기를 희망하는 반공

포로를 석방하라고 지시한 것이다.

이날, 이승만은 헌병 총사령부의 원용덕 장군에게 명령하여 부산, 마산, 논산, 광주, 대구, 영천, 부평의 포로수용소에 있는 3만 6천여 명의 반공 포로 중 2만 5천 명의 포로를 자정이 넘은 한밤중에 일제히 석방했다.

포로를 석방하자, 세계의 비난과 항의가 빗발쳤다. 특히, 공산군 측은 강하게 항의하고 반발했고, 진행 중이던 정전 회담은 중단되었다.

그러나 한반도 분단을 유지하기 위해, 즉 북한에만이라도 공산 체제를 유지하려고 휴전을 원하던 북한과 중국은 이승만의 협정 위반 행위를 별도리 없이 받아들이며, 유엔군과 합의하여 7월 초 곧바로 회담을 지속했다.

분단을 막으려고 이승만이 사용한 초강수 수단도 실패로 끝났다.

한편, 백선엽 장군의 회고에 따르면, 포로를 석방하기 얼마 전에 이승만은 군의 모든 지휘관을 경무대로 불렀다. 그런데 별다른 내용이 없이 차를 마시는 다과회를 열었는데, 도중에 이 대통령이 백선엽 장군을 앞으로 불렀다.

이승만: 백 총장, 어디 있나? 이리 와 보게.

백선엽: 예, 각하.

이승만: 총장, 자네, 원용덕이 알지? 내가 원용덕이에게 일을 하나 맡겼는데, 그리 알고 있게나.

백선엽: ….

이승만은 이 자리에서 군 장군들에게 더 이상 구체적인 내용을 언급하지 않았다.

그리고 며칠 뒤 새벽, 백선엽 육군 참모총장은 세 통의 잇단 전화를 받았다. 미 군사고문단장과 미8군 사령관과 도쿄의 클라크 유엔군 사령관이었다.

그들은 '어떻게 된 일이냐'고 매우 흥분하여 따져 물었고, 엄청난 일이 벌어졌음을 직감한 백선엽은 경무대에 직통 전화를 걸었다. 그러나 비서가 대통령을 깨울 수 없다고 연결해 주지 않았다.

백선엽: 대통령을 바꿔 주시오.

비서: 대통령을 깨울 수 없습니다.

백선엽은 3번 전화를 걸었고, 똑같은 대답을 들었다. 마지막 네 번째 전화를 건 백선엽은 경고의 말을 했다.

백선엽: 지금 대한민국으로서는 매우 중대한 일이 벌어졌습니다. 각하를 깨우지 않으면, 감당할 수 없는 일이 벌어질 것입니다.

비서는 대통령을 깨웠고 통화가 연결되었다.

백선엽: 각하, 미군들이 상황을 듣고 싶어 합니다. 그들에게 어떻게 대답해야 합니까?
이승만: 그래, 알았네. 모두 내가 한 일이라고 하게. 내가 했다고 그래. 내일 언론 발표할 걸세.

다음 날, 이승만은 발표문을 돌렸는데, 여기서도 모두 자신의 책임 하에 자신이 명령한 일이라고 밝혔다.

"제네바 협정과 인권에 관한 원칙에 따른다면, 한국의 반공적인 전쟁 포로는 지금보다 훨씬 오래전에 이미 석방되었어야 마땅한 것이다.
이들 포로를 석방하려는 우리의 뜻을 전달받은 유엔 당국자들 대부분은, 우리를 동정하고 원칙에 찬성하고 있다.
그러나 국제적인 복잡한 사정 때문에, 우리는 이 사람들을 너무나 장기간 부당하게 억류시켜 왔다.
지금 국제연합이 공산당과 맺은 협정은, 사태를 그 어느 때보다 더욱 복잡하게 만들고 있으며, 이로 말미암아 적에게는 만족을 주고, 우리 국민에게는 오해를 자아낼 중대한 결과를 초래할 것이다.
앞으로 빚어질 이 중대한 결과를 피하려고, 나는 1953년 6월 18일,

나 자신의 책임하에 반공적인 한국인 포로들의 석방을 명했다.

내가 유엔군 사령부와 기타 당국자들과 충분한 협의 없이 이 조치를 취한 이유는, 설명을 안 해도 너무나 명백한 것이다.

각 도의 도지사와 경찰 책임자들에게는 자기들의 능력을 다하여 이들 석방된 포로들을 돌봐 줄 것을 훈령했다."

며칠 뒤, 6월 25일의 한국전쟁 행사에서 이승만은 포로를 석방한 경위를 설명했다.

휴전 협정 중의 또 한 가지 접수하기 어려운 조건은, 감독하는 인도가 무장한 군인 얼마를 이남에 데려가 반공 포로들을 포위하고, 공산당들을 데려와 이 사람들을 설득하여, 공산국가로 가기를 자원하도록 만들겠다는 것이라고 볼 수밖에 없다.

그러나 이것은 전무후무한 희생을 하면서 싸운 이유도 아니고, 친공 국가(인도)의 군인들이 들어와서 포로들을 설득하여 공산당이 되라고 하면, 이것은 싸움을 중지하고 휴전이니 무엇이니 할 이유도 없는 것이다.

따라서 이것은 우리가 절대로 수락할 수 없으며, 또 반공 포로들이 죽어도 공산군에는 가지 않겠다고 하면서 피로써 맹세하고 석방해 달라는 요청이 내게 들어왔다.

지금까지 3만 명의 사람을 이유 없이 가두어둔 것은 인도적으로나 인권에도 위배될 뿐 아니라, 가장 우려되는 것은 유엔이 우리 사정은 모르고 친공 국가 군인을 한국에 불러들이려는 계획은, 우리 민중의 민심과 충돌을 면할 수 없는 것이다.

이런 충돌을 면하자면, 이 포로들을 석방하지 않고는 안 된다는 각오로, 내가 그 책임을 지고 유엔군 총사령관과 협의 없이 석방을 명령한 것이니, 이 이유로 인해서 유엔의 친공 국가들은 공개적으로 우리를 성토하며, 우리 국권을 손상하는 여론을 발표하고 있다.

그러나 우리는 우방들의 의도를 무시하거나 반대하거나 거부하자는 의도는 조금도 없고, 오직 우리의 목적은 생존을 유지하려는 것뿐이다.

한편, 이승만은 포로를 석방하기 몇 달 앞서는 3월에 포로 석방 명령을 내린 헌병 총사령부를 설치했다. 육군본부 안에 이미 헌병부대가 있었는데도, 군내의 의구심을 무시하고 별도의 사령부를 설치했었다.

따라서 이승만이 반공 포로를 석방한 것은 협정이 종착역에 다다르자 갑자기 즉흥적으로 벌인 일이 아니다. 적어도 몇 달 전부터 구상하고 치밀하게 준비하여 시행한 일이었음을 미루어 짐작할 수 있다.

그러나 유엔군과 공산군 양측이 휴전을 원했기 때문에 7월 회담이 곧 속개되었다. 이승만은 공산 세력이 38선을 복귀시키고 전쟁을 끝내려는 기도를 끝내 막지는 못했으므로, 그의 의도는 실패로 돌아간 셈이었다.

그런데 다른 한편으로, 아마도 이 대통령이 이것마저 계획한 것인지는 모르나, 포로 석방의 충격으로 미국 아이젠하워는 그동안 분명한 응답을 하지 않던 상호방위조약의 구체적인 실무 절차를 지시했다.

그리고 결국 이승만은 미국으로부터 상호방위조약을 성공시켰다. 포로 석방은 1950년대 당장의 국가 안보는 물론이고 수십 년 미래의 한국 안보까지 지켜 내고자 단행한, 그의 구국 일념과 천재적 발상에서 나온 담대하고 획기적인 저항 투쟁이었다.

공산군 포로의 선택

1952년 초. 국제 적십자사가 13.2만 명의 공산군 포로를 대상으로 진행한 설문조사에 따르면, 자신의 고국으로 귀환을 바라는 사람은 북한군 포로 5.4만 명과 중공군 포로 5천 명의 5.9만 명으로 전체 포로의 절반도 안 되었고, 7.2만 명은 자유세계에 남기를 희망했다.

이승만이 1953년 6월 반공 포로를 석방할 당시, 설문조사보다는 줄었지만, 12만 명의 전체 공산군 포로 중에 귀국을 거부하는 공산군 포로는 여전히 3.5만 명이 넘는 많은 수였다. 이들 중 이승만이 석방한 2.5만 명의 상당수는 미군에게 다시 붙잡히기도 했다.

1953년 7월 정전 협정 당시, 북한과 중국으로 송환을 거부한 포로는 2.3만 명 정도였다. 공산국가로 돌아가기를 원하지 않는 이들 전쟁 포로는 중립국 대표 인도의 감독 아래 비무장 지대에 설치된 임시 포로수용소에 수용되었다.

정전 협정은 중립국 송환 위원회의 책임 아래, 6개월 안에 반공 포로 송환 문제를 해결하기로 되어 있었다. 중립국 대표인 인도는 6.5천 명 군인을 비무장 지대 포로수용소에 파견하여 이들을 감독하였다.

북한과 중국은 자유 국가에 남기를 원하는 사람들의 생각을 바꿔보려고, 이 기간에 포로들을 최대한 설득하고 회유 위협 협박하여 그들이 본국으로 귀국하도록 종용했다.

그러나 비무장 지대 임시 수용소에 수용된 북한과 중국군 포로들의 97%가 송환 거부 입장을 변경하지 않았고, 3%만이 자신의 나라로 돌아가기로 결정했다. 97%의 포로는 대만이나 한국에서 살기를 희망했다.

이듬해 1954년 1월, 공산국가로 송환을 거부한 반공 포로들이 비무장 지대의 임시 수용소에서 풀려나, 열차를 타고 자유의 다리를 건너 인천에 도착했다.

이로써, 1951년 휴전 회담 시작부터 1953년 협정이 체결되기까지 공산국가의 반발로 오랫동안 끌어온 포로 송환 문제가 일단락되었다.

북한과 중공군의 포로 중에 4만 명 정도의 많은 사람이 본국으로 돌아가지 않고 한국과 대만의 자유세계를 선택한 것. 그것은 공산주의가 실패한 정치체제임을 알려 주는 가장 확실하고 분명한 증거다.

당시는 공산주의 사상과 체제가 유행처럼 휩쓸던 시대였음에도 불구하고, 불과 5년 이내 기간 혹은 1년여 기간을 살아본 북한과 중국의 포로들은 자유를 억압하는 공산 체제의 본질을 피부로 경험하고 자유를 선택한 것이다.

전쟁 중, 히긴스 기자가 이들 공산군 포로와 인터뷰한 내용이 있다.

아래는 포로수용소에서 북한에서 세뇌 교육을 받은 북한군 장교와 인터뷰한 내용이다.

> 북한군 포로: 내가 이곳(포로수용소)에 있는 단 하나의 이유는, 내가 생포되었을 때 의식이 없어서입니다. 의식이 있었다면, 난 결코 내 의지로는 투항하지 않았을 것입니다. 나는 조국 통일을 위해 싸우는 정의로운 일을 하고 있다고 진심으로 믿었습니다. 또 남조선 인민들이 핍박받고 있다고 알았습니다. 그런데 남조선 동무들과 대화를 해 보니, 우리가 받은 교육은 모두 진실이 아니라는 것을 알게 되었습니다. 나는 아직도 전투를 벌이고 있는 북한군을 불쌍하게 생각합니다. 왜냐하면 그들은 진실을 모르기 때문입니다.

중공군은 수십 명이나 수백 명 단위로, 자발적으로 투항하는 경우들이 종종 있었는데, 이들은 대개 장교 이하 일반 병사들이었다.

한 병사는 자신이 투항한 이유가, 신발과 양말이 얇아서 손과 발이 꽁 꽁 얼어 썩어 가기 때문이라고 말했다. 중공군의 군복은 솜을 넣어 누빈 것이지만, 군화는 추운 날씨를 견디기는 너무 힘든 얇은 천 운동화였다.

한 중국군 포로는 다시 중국으로 돌아가기 싫다고 대답했다.

히긴스: 중국으로 돌아가기를 희망합니까?

중국군 포로: 희망하지 않소. 우리는 장개석이 통치할 때 가난했습니다. 그런데 지금은 여전히 가난한 데다가, 더하여 우리가 원하는 것들마저 할 수 없게 되어 버렸습니다. 우리는 이 마을에서 저 마을로 이사 다니는 것조차 못합니다. 많은 사람들이 체포되고 죽었습니다. 우리는 공산주의자들을 위해 싸우고 싶지 않습니다.

자유세상의 선택

다른 한편, 수만 명의 공산군 포로가 본국으로 귀국하지 않은 것과 똑같이, 전쟁 중에 북한에서 남한으로 내려온 수백만 명의 일반 민간인(피난민)들이 있었다.

4만 명에 가까운 대규모의 공산군 포로가 본국에 가족과 생활 터전이 있음에도 불구하고 자유세계를 택한 것과 같은 맥락에서, 전쟁 중

수백만 북한 주민은 공산당의 억압과 독재를 피해 집과 가족마저 버리고 자유 한국으로 내려왔다.

　1950년 11월에서 1951년 1월의 당시 경무대 일지에 따르면, 북한에서 내려온 피난민은 5백만 명 정도다.

중공군의 침략으로 자행되는 북한 공산군 패잔병들의 무자비한 보복 행위로 인해서, 공포에 질려 고향을 떠나온 피난민들이 날마다 서울 근교로 한없이 밀려들어 오고 있다.
우리 정부의 공무원들이 피난민들을 학교, 교회, 마을회관과 민가에 수용시키고 있는데, 서울 동쪽 근교에 모인 피난민의 수효만 11만 명이 넘는다는 보고를 했다.

북한으로부터 수많은 피난민이 몰려오고 있어서, 혼잡을 피하려고 해주 방면으로 집단 수용시키고 있다는 보고다.
사회부는 긴급 구호 대책본부를 설치하여, 피난민 구호 사업에 총력을 기울이겠다고 발표했다.

북한 동포들이 5백만 명이나 내려왔기 때문에, 지금 당장은 식량 공급과 난민 대책이 힘겹다.
하지만 사랑하는 가족과 고향은 물론, 집과 재산을 버리고 내려온 북한 동포들은 직접 체험으로 공산당의 실체를 알고 있는 사람들로, 이들이야말로 무언의 반공투사들이고, 남한의 동포들과 손잡고 통일을 이룰 역군이요 원동력이라고 대통령은 강조했다.

히긴스 취재에 따르면, 피난 내려오는 북한 주민들이 미군에게 자신의 집을 태워달라고 요청했는데, 그 이유를 물으니, 중공군에게 자신의 집을 뺏기고 싶지 않다고 말했다.

얼마나 많은 북한 주민이 북한에서 탈출하여 남한으로 오고 싶어 했는지, 단적으로 알려 주는 전문이 있다.

미군이 장진호 전투에서 후퇴하여 흥남 부두에서 철수할 때, 미군 함정으로 북한 주민을 철수시킨 작전을 폈던 당시, 제임스 도일 제독이 도쿄로 무전을 쳤다.

> 본인이 관찰한 바로는, 만일 태울 배만 있다면, 북한에서 모든 주민을 남한으로 피난시킬 수 있음.
> 거의 모든 북한 주민은 한국행을 바라고 있음.

이와 관련하여, 전쟁 중인 1951년 1월, 한 부산 신문에 흥미로운 기사가 실렸다. 북한군이 점령한 서울에서는 거지도 자유를 누릴 수 없어 걸식 생활을 할 수가 없다며, 자유를 찾아 부산으로 내려온 거지 대장에 관한 기사다.

서울 광교에 근거지를 두고 걸식하던 거지 대장 박동봉이 거지들을 데리고 함께 부산으로 내려왔다.

이들이 부산으로 내려온 이유를 물으니, 공산 치하에서는 거지도 자유를 누리고 살 수 없었기 때문이라고 한다.

지금 서울에는 좋은 집들이 온통 비어 있어 아무 집에서나 잘 수 있고, 주인이 버리고 간 좋은 옷들도 많아서 실컷 입을 수 있었지만, 자유세상이 그리워 부산으로 내려왔다는 것이다.

이 거지들의 소원은, 서울 광교 다리 밑에서 잠자고 명동에서 걸식 활동하는 것이 소원이라고 밝혔다. 그러면서 우리 국군들이 어서 서울을 수복해 주기를 바란다고 말했다.

영부인이 이 기사를 이 대통령에게 보여 주니, 대통령이 '우리에게 가장 큰 무기는 자유야'라고 말하며, 기사를 오려 두도록 지시했다.

전쟁 전과 당시 그리고 그 이후 현재에도, 집과 터전을 다 버리고 목숨을 걸고 북한에서 탈출하는 수백만 피난민이, 고국으로 돌아가지 않은 수만 명의 공산군 포로들이, 좋은 집과 좋은 옷을 마다하고 공산군 치하를 피해 피난 온 서울의 거지까지, 바로 이들 모두는 소수의 공산당 지배층 말고는 모든 사람은 공산 체제에서 살기 싫어한다는 것을 가장 확실하게 증명하는 명백한 역사의 증인들이다.

1952년. 북한 공산군 강제징집 남한 포로 석방 축하 행사의 이 대통령.

제12장

•

상호방위조약

휴전 수락 조건

한미 상호방위조약은 1953년 7월 정전 직후인 8월에 서울에서 한국 외무장관과 미국 국무 장관이 가조인하고, 1953년 10월 워싱턴에서 한국 이승만 대통령과 아이젠하워 미국 대통령이 정식 서명하고 체결하였다.

방위조약의 중요 사항인 미국의 군사원조와 한국 방어 보장 그리고 대규모 경제 원조는, 앞에서 설명한 것처럼 이승만이 휴전을 수락하는 조건으로 미국에 요구한 것이었다.

이승만은 한반도를 다시 분단 상태로 복구시키는 휴전을 강하게 반대해 오던 입장에서 선회하여, 이러한 조건이 충족된다면 휴전 협정에 협조하겠다고 말했다.

그러나 미국은 이승만의 이 요구에 응답이 없었고, 따라서 이승만은 미국에게 기대를 접었었다.

> "미국과 공동방위조약을 체결하여, 만일 침략자들이 다시 우리나라
> 를 침략해 온다면 미국이 지금과 같이 우리를 돕는다는 조약이 있
> 으면, 나는 이 휴전 협정을 반대하지 않고 협조하겠다는 의사를 표
> 시한 적이 있다.
> 그런데 휴전 수락의 몇 가지 조건을 밝혔음에도 불구하고, 그 후에
> 어떤 회답이 없다.
> 따라서 우리가 아직 공개적으로 공포한 적은 없으나, 모두 다 무효
> 로 돌아간 줄로 알고 거의 잊어버린 것이다."

이승만의 요구에 별다른 응답이 없던 아이젠하워가 이 조건에 대해서 협의할 뜻을 밝히고 실무 담당관을 한국에 보낸 것은, 앞에서 설명한 것과 같이 이승만이 귀국을 거부하는 공산군 포로를 일방적으로 석방한 직후의 일이다.

아이젠하워는 그동안 입장에서 바꾸어, '한국이 우방의 신뢰를 더이상 악화시키지 않는 한, 협력을 약속한다면 안보 조약을 맺을 수 있다'고 하면서, 국무부 극동 담당관 월터 로버트슨을 파견했다.

6월 24일, 로버트슨은 서울에 도착하여 이승만과 회담을 진행했다.

한국이 요구하는 핵심 사항은 방위 보장 및 군사원조와 경제 원조였다. 미국이 요구한 것은 포로 석방이나 한국군의 단독 북진 주장, 유엔 비난 성명과 같은 정전 협정을 방해하는 행동을 하지 않는 말라는 것이었다.

7월 11일까지 14차례의 회담 끝에, 양측은 큰 틀에서 합의를 보았다. 곧바로 한국은 미국으로부터 막대한 군사 경제 원조를 받아 내게 되었다. 대신에 한국이 미국에 제공하는 사안은 단지 이승만이 휴전 협정을 방해하지 않는 것뿐이었다.

정전 협정이 체결되고 정치회담이 진행되는 동안 이승만이 그저 가만히 있는 조건으로, 향후 한국의 경제 발전과 국가 안보의 초석을 다지는 막대한 원조 자금과 군사력을 제공받는 조약을 체결한 것이다. 한국이 거의 전적으로 유리하고 이득이 되는 외교 조약을 성공시킨 셈이었다.

그리고 곧이어 1953년 8월 초, 방위조약의 구체적이고 세부적인 사항을 합의하고 조인하려고 미국의 국무 장관 덜레스가 방한했다.

덜레스 국무 장관 방한

8월 5일, 덜레스 국무 장관이 서울에 도착하여 상호방위조약의 세부 내용을 조율하고 완성하였다. 8월 8일, 대통령 집무실에서 이승만이 증인으로 참석한 가운데 한국 변영태 외무장관과 미국 덜레스 장관의 서명으로 서울에서 방위조약을 가조인했다.

그런데 사실 회담 장소가 처음부터 서울로 합의된 것이 아니었다.

미국 덜레스는 당초 태평양의 중간 정도에 있는 섬을 회담 장소로 제안했다. 그러나 이승만은 전시 상황에서 한국을 떠날 수 없었고, 또 장관이 한국을 찾아주는 것이 상식이라고 여겨 한국 진해를 요구했다.

진해에서 최종적으로 서울로 결정되었으나 이승만 뜻대로 한국에서 회담이 개최된 것이다.

그런데 방위조약의 체결 자체도 한국으로선 기적적인 성과였지만, 한국에 방한한 덜레스는 미국 국무 장관인 자신이 약소국가에 직접 방문한 사실에도 스스로 큰 의미 부여를 했다.

8월 5일, 회담에 참석했던 올리버 고문이 이승만과 덜레스가 처음 만나는 상황을 기록했다.

덜레스: 우리는 지금 한국 및 다른 국가들과의 관계를 새로운 토대

위에 정립시키려고 노력하고 있습니다. 당신(로버트 올리버)도 알다시피, 우리는 이제까지 항상 몇몇 다른 강대국들과만 만나서 한국에 대한 문제를 결정했고, 그 결정된 사항을 한국에 통보하기만 했소. 그러나 앞으로는 우리는 더 이상 이런 식으로 일을 하지 않을 것이오. 내가 직접 여기(한국)로 온 것은 굉장한 의미가 있소. 강대국 국무 장관이 약소국가 대통령을 만나 강대국 정책을 약소국 정책과 조율하려고 멀리 바다 건너 찾아온 경우는, 역사를 통해 한 번도 없던 전무후무한 최초의 사건입니다. 그러니 우리가 여러 가지 문제들을 결정하는 것은 그 무엇이든 별로 중요한 것이 아닙니다. 중요한 것은 우리가 바로 여기 한국으로 왔다는 사실입니다.

이승만: 50년 만에 처음 있는 일이오.

올리버: 아니, 역사상 처음 있는 일입니다. 당신과 아이젠하워 대통령은 아시아 문제를 다루는 데 있어, 정말이지 혁명을 일으키고 있으며, 이것은 매우 중대한 효과를 불러올 것입니다.

덜레스: 맞소. 이것은 새로운 혁명이요. 왜냐하면 많은 다른 나라들이 우리의 회담을 좋게 보지 않아요. 그들은 이 회담을 두려워하고 열리지 못하게 반대마저 하고 있소.

올리버: 알고 있습니다. 오늘 아침에도 영국이 이승만과 덜레스 회담을 비난하는 발표를 했지요. 그러나 아시아인들은 이 회담을 환영하고 있으며, 이 결과에 따라 큰 영향을 받을 것입니다.

강대국 장관이 보잘것없는 작은 나라에 직접 방문하는 역사상 최초의 선례를 만들어 낸 이승만은, 전쟁으로 잿더미가 된 최빈국 한국의 장차 존망이 걸려 있는 국가 방위와 경제 원조를 일방적으로 미국에 요구하는 상황임에도 불구하고, 언제나 그렇듯이 덜레스와 회담에서도 당당한 태도를 잃지 않았고 오히려 자신감 있고 떳떳했고 또 언제나 그렇듯이 논리적이고 예리했다.

덜레스: 각하, 우리가 합의 본 결론에 동의하시리라 믿습니다.

이승만: 당신은 내 생각을 알지 않소? 한번 의논해 봅시다.

덜레스: 의논할 것이 없습니다. 우리가 천명할 입장을 이미 유엔 국가들이 결정지어 놓았습니다. 그것은 바꿀 수가 없습니다.

이승만: 그렇다면, 당신은 무엇 때문에 여길 왔소? 당신이 나와 함께 조건들을 의논할 의사가 없다면, 이 자리에 있을 필요가 없질 않소? 그 조건들을 그냥 전문으로 통보하면 그만이지 않소?

이승만은 노기 띤 목소리로 말하고는, 벌떡 일어났다.

덜레스: 저희는 각하의 뜻을 무시할 의사가 없습니다. 저희는 각하의 휴전 승인을 원합니다. 각하의 승인을 얻고자 제가 온 것이 아닙니까?

이승만은 정전 자체와 정전 협정의 내용(중립국 감독하에 반공 포로 송환, 정치회담) 모두 불만이었다. 하지만 며칠 전 한국은 서명을 거부한 채로 미국 중국 북한만이 이미 휴전 협정에 서명한 상태에서, 로버트슨과 회담에서 약속한 대로 향후 정치회담을 방해하지 않는 조건으로 방위조약의 세부 내용을 작성하고 합의했다.

8월 8일, 양국 장관의 서명 이후에, 1953년 10월 1일 이승만이 미국을 방문하여 워싱턴에서 아이젠하워 대통령과 함께 조약에 서명함으로써 정식 체결되었다.

이승만은 미국과 방위조약을 체결한 직후 "이 조약이 체결되어 그 효과가 자손만대에 영구히 미칠 것"이라고 말했다.

이승만은 이미 자신이 이 조약을 미국에 요구할 때부터, 미래 한국에 미칠 긍정적이고 절대적인 영향과 효과를 정확히 예측했던 것이다.

그렇다면 그가 전쟁 막바지에 전시 작전권을 회수하여 유엔군에서 탈퇴하고 한국군 단독으로 북진하겠다고 주장하거나, 공산군 포로들을 석방하는 위험하고 초강경한 행동들을 취한 것은, 분단을 막지 못하되 장차 한국의 존속이라도 보장하기 위한 그만의 의도적으로 계획되고 준비된 배수진의 전략이었다고 볼 수 있다.

분단을 막는 것은 현실적으로 불가능해진 상황에서, 차선책을 강구하고 그 가장 확실한 방안으로서 미국으로부터 한국 안보를 보장받는 방위조약을 승낙받으려고 생명의 위협에 굴하지 않고 전진 투쟁한, 그의 담대한 용기와 애국정신이 빚어낸 결과다.

방위조약 성립으로 미군이 한국에 계속 주둔하게 됨으로써 북한 소련의 침략 야욕을 억제할 수 있었으니, 이승만은 분단은 막지 못한 대신에 그때부터 지금까지 80년 가까운 미래 한국의 안보와 번영의 기틀을 마련하는 위대한 업적을 이룩하였다.

한편, 1953년 5월만 해도, 미국 아이젠하워 대통령은 미국이 한국과 같은 아시아의 작은 나라와 '상호'방위조약을 맺는다는 것을 불가능한 것으로 여기거나 아예 고려조차 안 했던 것으로 보인다.

5월 백선엽 장군이 미국을 방문했을 때, 그는 상호방위조약을 요구하려고 예정에 없던 아이젠하워를 간신히 만났다.

상호방위조약은 유럽 국가들과는 체결한 선례가 있지만, 아시아 국가에서는 매우, 매우 드문 일이오.

휴전 후에, 북한 공산군으로부터 한국 안전을 보장할 수 있는 상호방위조약이 필요하다는 백선엽의 요구에, 아이젠하워는 이처럼 말했다.

당시 한국 경제 수준은 전 세계에서 최하위 수준으로, 가난하기는 남한과 북한이 마찬가지지만 한국은 북한보다도 더 못살았다.

이처럼 처참한 신생 국가가 '매우, 매우 드문 일'을 아시아 국가에서 최초로 이루었다. 당시 최강의 미국이 아시아의 작고 하찮은 한 나라를 방어하고 지키는 조약을 최초로 한국과 맺은 것이다.

40년 식민지를 겪고 나라를 세운 지 겨우 5년, 게다가 북한군과 중국군의 총포에 완전히 잿더미가 된 1953년, 그럼에도 한국이 최대 비극을 딛고 폐허에서 다시 일어서 선진국으로 도약할 수 있던 주춧돌은 미국과 맺은 상호방위조약이었다.

아무리 강조해도 지나치지 않을 이승만의 위대한 업적이다.

한미 상호방위조약 효과

8월 9일, 서울에서 덜레스 국무 장관과 변영태 외무장관이 상호방위조약에 서명한 다음 날, 이승만은 국민 담화를 발표했다.

> "한미 방위조약의 성립으로, 그 영향이 자손만대에 영구히 미칠 것이다.
> 우리가 합심 합력으로 부지런히 전진하면, 이웃 나라들이 우리를 무시할 수 없을 것이다."

그리고, 워싱턴에서 아이젠하워와 방위조약에 정식 서명한 뒤에도, 그는 같은 말을 했다.

> "이 조약의 체결로 우리는 여러 세대에 걸쳐 실질적인 혜택을 받게
> 될 것이다. 이 조약으로 우리는 번영할 것이다.
> 한국과 미국과의 조약은 외부의 침략으로부터 우리를 보호해 줄 것
> 이고, 따라서 우리의 국가 안보를 강화할 것이다."

이승만은 유럽에 이어 중국 본토도 모택동 공산군이 승리하면서 당시 아시아에서 무섭게 팽창되던 공산화 물결을 거슬러, 미군정 하지의 좌우 합작 정책의 강경한 요구에 맞서며, 그리고 국내 공산주의자들의 거센 무력 폭동의 반란을 물리치며, 자유 민주 체제의 대한민국을 건국했다.

자유민주 체제로 나라를 세운 건국이 이승만 업적 중 제일의 위대한 공로라면, 미국과 상호방위조약 체결은 건국에 버금가는 그의 또 하나의 빛나는 공적이다.

1953년, 만일 미국과 유엔이 원하는 대로 그대로 전쟁을 끝내고 1949년처럼 미군이 한국에서 완전히 철수했다면, 나라의 명맥이 지금까지 이어졌으리라고 장담할 수 없기 때문이다.

휴전 이후 국가 안전과 안보를 위한 보장책을 마련하기 전에는 결코

정전 협정을 수락하지 않고 투쟁했던, 이승만의 탁월한 식견과 빼어난 정치적 외교적 수완이 빚어낸 성공이다.

이승만은 전쟁 중에 한국을 위해 싸우러 온 유엔 미국과 갈등을 겪으면서 우방의 나라들로부터도 혹독한 비난을 들었다. 이승만은 고비 고비마다 유엔과 정책상 대립을 겪었으며, 그중 갈등의 정점은 소련의 제의로 본격적으로 시작된 휴전 회담을 반대하면서부터 시작되었다.

분단을 영구화시키는 휴전을 어떻게든 막아 보려 했던 그의 북진통일 주장은, 한국인으로선 장기적인 미래 국가 안위까지 꿰뚫은 애국적이고 민족적인 결단이었지만, 남의 나라 전쟁에 참여하여 희생을 치르는 우방 국가들 시선에서는 용납하기 어려운 주장이었을 것이다.

그럼에도 그는 '미치광이'니 '통일 정신병자'니 '극우'니 하는 모략의 말들을 들으면서도, 한반도의 영구적인 평화를 위해서라면 기꺼이 욕을 듣는 것을 감수하겠다고 말했다. 해방 전 독립운동 당시에도, 독립에 미친 사람이라는 말을 종종 들었기 때문이다.

그러나 이승만이 공산국가 침략자들로부터 전쟁광이니 호전주의자니 하는 적반하장격 선동의 말들까지 들으면서도, 이에 항복하지 않고 한반도의 분단선을 없애려고 애썼지만 이루지 못했다.

대신에, 적어도 한국만이라도 존속시킬 수 있는 초석을 마련하는 위대한 성과를 이루었는데, 그렇다고 하여 전쟁이 모두 끝난 것이 아니었다.

미국과 중국 북한이 체결한 정전 협정서에는 일단 휴전을 하고 그 후 90일 이내에 회담을 열어서, 전쟁에서 해결하지 못한 한반도의 평화와 통일 문제를 해결하기로 명시되어 있었다.

이제 이승만은 군사 전쟁이 아니라 전쟁 참전국이 참여하는 정치협상이라는 국제 외교의 전장에서, 또다시 한국을 지켜 내야 하는 과제가 아직 남아 있었다.

1953년. 덜레스 국무 장관과 이승만 대통령.

제13장

•

정치회담

협상으로 한반도 통일은 환상

1953년 7월, 휴전 협정서에 미국 중국 북한이 서명함으로써 전쟁이 완전히 종결된 것이 아니었다.

협정서에는 회담이라는 평화적인 방법으로 한반도를 통일하고 자주적인 통일 정부를 세우기로 되어 있었기 때문이다.

유엔군과 공산군 측에서 맺은 휴전 협정에는, 정전 협정 이후 3개월 이내에 참전국들이 모여서 정치회담을 개최한다는 조항이 있었다.

이 조항은 어느 쪽 승패 없이 분단을 유지하는 선에서 전쟁을 휴전하는 대안이다. 전쟁에서 판가름 나지 못한 통일을 회담장에서 논의하여 한반도의 영구적 평화와 통일을 마련할 방법을 모색하려고 합의한 조항이다.

이 조항은 당초 로버트슨이 방한하여 이승만과 휴전 수락을 위한 조건을 협상하는 과정에서, 이승만이 휴전 협정 이후에 한국의 안전 보장을 요구하자 이에 대해서 로버트슨이 제안한 것이었다.

이승만은 휴전으로 전쟁이 중단된 상태에서도 미국이 전투를 재개한다는 보장을 해 달라는 요구를 했었다. 휴전으로 미군이 철수한 뒤에 또다시 북한이 침략할 경우를 예측하고 그 대비책으로 미군의 전투 재개를 요청했었다.

로버트슨은 미국의 전쟁 참전 대신 협정 이후에 회담을 개최하자는 정치회담을 제안했었고, 이 제안은 협정서에 명시되었다.

이승만은 이 방법에 대해서 처음부터 회의적이었다. 왜냐하면, 전쟁터에서 달성하지 못한 것을 회담장에서 논의와 타협의 평화적인 방법으로 통일된 한국 정부를 수립할 수는 없을 것이라고 보았기 때문이다.

이승만이 로버트슨의 제안을 비현실적인 것으로 생각하여 찬성하지 않자, 로버트슨은 막대한 규모의 경제 원조를 제공하겠다고 제안했다.

이승만은 경제 발전이 의미 없는 것은 아니나, 분단 상태의 나라에서 경제 발전은 미봉책이라고 보았다. 분단이 유지되는 한, 북쪽에 공산군이 있는 한 한국의 운명은 영원히 불안하고 불안정한 상태에

빠질 것으로 전망했기 때문에, 이승만은 막대한 재정 지원을 제안했어도 크게 동요하지 않았다.

그가 생각한 제일의 조건이자 목표는 오직 한반도의 영구적인 평화와 안전보장 즉 통일이었다. 분단선을 없애고 통일하는 것 이외에는 어떤 것도 그를 만족시키지 못했다.

결국, 로버트슨과 이러한 과정을 통해서, 군사원조와 대규모 경제원조 그리고 미군의 한국 주둔 등 한국에 일방적으로 유리하고 막대한 이득인 조약을 합의하기에 이르렀다.

이승만은 로버트슨의 뒤를 이어 방위조약을 조인하러 방한한 덜레스 장관에게도, 공산국가와 회담으로 결코 통일을 달성하지는 못할 것이라고 주장했고, 덜레스는 그에 대한 대안을 내놓지 못했다.

덜레스: 미국과 국제연합은 한국이 민주 독립 정부 아래 통일이 되는 것을 열렬히 지지해 왔습니다. 우리의 목표가 바로 각하의 목표(통일)와 같습니다. 다만, 차이점이 있다면, 각하는 전쟁을 계속하여 목표를 달성하려는 것이고, 우리는 평화적인 방법으로 달성하려는 것뿐입니다. 각하는 우리가 왜 싸움을 계속해야 한다고 고집하십니까?

이승만: 나도 당신 생각에 전적으로 동의하오. 그러나 어느 나라도 이번 전쟁에서 한국만큼 큰 피해를 본 일이 없으며, 때문에 평화적

으로 통일이 달성되기만 한다면 우리 국민보다 더 좋아할 사람은 없을 것이오. 그런데 내가 묻고 싶은 것은 이것이오. 만일 당신들이 계획하는 대로, 평화적인 교섭(정치협상)을 통하여 우리의 공동 목표인 통일을 달성하지 못한다면, 그때는 어떻게 하겠소?

덜레스: ….

이승만은 처음부터 정치회담은 비현실적인 계획이라고 반대했지만, 방위조약의 체결 조건으로 정전 협정과 정치회담을 방해하지 않기로 약속했기 때문에 방관할 수밖에 없었고, 협정이 체결된 이후 회담은 개최되었다.

다만, 협정서에 명시된 3개월을 훨씬 지나서, 1954년 제네바에서 회담이 개최되었다.

한국 해체 반대

정치회담은 계속 지연되다가 협정에 명시된 3개월을 훨씬 지난 1954년 4월 말에 제네바에서 개최되었다.

소련은 몰로토프를 대표로, 중공은 주은래를, 영국은 앤서니 이든을, 미국은 덜레스 국무 장관이 왔다가 돌아가고 스미스 국무차관을, 북한은 남일을 그리고 한국은 변영태 외무장관을 대표로 보냈다.

한국전쟁에 파병했던 16개 나라는 모두 대표를 보냈고 이들은 정기 모임을 가졌는데, 이 클럽에서 한국은 제외했다.

미국을 비롯한 이들 16개 파병 국가가 합의한 내용은 대한민국 정부를 해체하고 국제연합 감시 아래 한반도 전체 총선거를 진행하여, 새 정부를 선출하여 통일 국가를 세우는 것이었다.

미국은 한국에 이 정책을 시행하라고 압박했고, 이승만은 반대했다.

이승만은 이러한 우방국들의 한국 해체 정책에 대한 찬반 의견을 묻는 현지 대표단 올리버의 전문에 대해서, '안 된다'는 답을 했다.

한국은 이미 국제연합의 감시 아래 총선거를 통해 탄생했고 또 유엔이 승인한 합법정부로서, 한국의 헌법과 선거를 유엔이 보증한 것이다. 그러므로 자유로운 선거를 통해서 자주적인 국민의 의사를 반영하여 탄생한 자치 정부의 주권은 명백히 그 정부에 있기 때문이라는 것이었다.

올리버는 어차피 공산군 측이 유엔 감독 아래 진행하는 총선거를 수락하지 않을 것이기 때문에, 유엔과 협조를 하고 있다는 인상을 보여 주는 의미에서라도 총선거 안을 수락하는 것이 좋겠다는 식으로 이 대통령에게 전문을 보냈다.

이에 대해서 이승만은 공산 나라들이 그 안에 대해서 찬성하는지 여부와는 상관없이, 명백히 합법적이고 헌법으로 수립하고 유엔이 승인한 한국 정부를 일방적으로 해체하는 것이기 때문에 찬성할 수 없다고 말했다.

> "만일, 대한민국 정부가 자진 해체하는 것에 동의한다면, 그 이후 헌법상의 주권에 대해선 누가 진지하게 주장하고 다툴 수 있겠소?
> 우리는 이미 국제연합의 감시하에 선거를 치렀소.
> 내가 지금 요구하는 것은 다만, 북한도 그와 똑같이 국제연합 감시 하에 선거를 치르라는 것뿐이오."

6월, 합의 없이 두어 달 지속되던 회담은, 결국 한반도 통일의 방안을 합의하지 못하고 결렬되었다.

이승만이 처음부터 공산 측과 평화적인 방법으로 통일을 이룬다는 방안이 비현실적인 것이고, 전쟁에서 불리해지자 시간을 벌기 위한 소련의 꼬임에 넘어가는 것이라고 예측한 그대로였다.

이승만이 평화적인 회담을 통해 통일을 이루지 못하면 그다음 대안이 무엇이냐고 덜레스에게 질문했을 때, 그는 대답하지 못했었다. 이 또한 이승만이 예측한 대로 뚜렷하고 명백한 대안이 없이 회담은 장기 휴회 되었고, 그가 확신한 대로 유엔 측이 내놓을 다음 대안은 없었다.

이승만이 시종일관 우려하고 또 우려했던 일. 바로 불안정과 대립과 대결과 더 큰 전쟁과 침략과 공포와 불안을 상시로 떠안고 살아야 하는 사회. 그래서 끝까지 막아 보려고 했던 한반도 분단국가가 영속화되는 길로 들어선 것이다.

그런데 더욱 한심한 것은 이러한 모든 과정에서, 즉 전쟁 중, 전쟁을 종결하는 시점 그리고 전쟁 이후의 시간에도 한국의 문제를 결정짓는 정책 의결 과정에서 한국은 배제되었다는 점이다.

이승만은 언제나 한국 참여 없이 한국 문제를 결정하지 말라고 주장했다. 하지만 한국 문제를 논하는 자리에 한국은 빠진 채로 세계 우방과 침략국들과 중립국들이 한국의 문제를 놓고 왈가왈부했고, 그들이 한국 운명을 좌우했다.

당시 한국은 한국의 현재와 미래를 스스로 결정하지 못했다.

이처럼 절대적으로 힘이 없는 불리하고 열세인 상황에서도, 1950년 6월부터 1954년 6월 정치회담까지 꼬박 4년의 전쟁 기간에, 이승만은 그대로 해체되거나 사라질 위기에 처한 대한민국을 여러 번 지켜 냈다.

그 자신은 통일을 이루지 못하고 다시 분단 상태로 되돌렸으니, 전쟁에서 진 것이라고 말했으나, 그는 적어도 세 번 이상 한국을 지켜 냈다.

북한 해방 지역이 한국 통치 권한이라고 주장한 것은 중공군 침략으로 허사로 돌아갔으니 제외하더라도, 당장 무력 침략으로부터 나라를 지켜 낸 것이 첫째이고, 정치회담장에서 한국 해체 요구를 막아 낸 것이 둘째이며, 그리고 미국과 방위조약 체결로 전쟁 후 지금까지 이어지는 수십 년 미래 한국의 안보까지 지켜 낸 것이 세 번째다.

대한민국 역사에서 가장 위대한 불멸의 업적들이다.

1954년, 미국 국빈 방문 중 뉴욕에서 이 대통령 환영 행렬

맺는 글

•

미래 한국 수호자

한국의 현재와 미래 수호

1940년대부터 20년간 이승만 곁에서 정치 고문을 하고 이후에 이승만과 주고받은 편지를 공개한 로버트 올리버는 '만일 이승만이 없었다면, 그리하여 그의 애국정신이 전쟁을 막지 못했다면, 한국은 아주 쉽고 빠르게 열강에게 먹히고 말았을 것'이라고 진단했다.

약소국 전쟁은 열강의 필요나 이득에 의해 희생된 사례가 세계사에 너무나 흔한데, 당시 미국이나 세계 어느 곳에서도 한국을 적극적으로 지지하는 나라가 없었기 때문이라는 게 그 이유였다.

6·25이후 75년 시간이 지났으니, 전쟁은 진즉에 역사가 되었다. 올리버 지적대로, 만일 당시 한국 대통령이 이승만이 아니었다면 1950년대 초에 신생 대한민국이 쉽게 사라졌을지를 단언하기는 어렵다.

다만 적어도 지금까지 살펴본 이승만의 말과 궤적만으로도 충분히 판단할 수 있는 사안은 있다.

누차 반복하면, 이승만은 1950년 무력 침략으로 당장 백척간두의 위기에 놓인 대한민국을 지켜 냈고, 뿐만 아니라 몇 세대 후손들을 위해 미래의 한국 안보까지도 지키고 떠났다는 사실이다.

이승만은 공산국가 침략에 맞서 불굴의 정신과 탁월한 내공으로 대통령의 책임을 다해 분투했고, 더불어 조약 요구에 응답이 없던 미국으로부터 끝내 상호방위조약을 성공시켰다. 그럼으로써 전쟁 후에도 계속될 풍전등화와 같은 한국의 처지를 평화와 안정 상태로 전환하는 디딤돌을 마련해 두었다.

이러한 성과들이 정규전의 전면전과 게릴라전의 국지전 그리고 우방과의 국제 외교 전쟁이라는 삼중의 복합적이고 복잡하며 어려운 전쟁을 뚫고 이룬 것이란 점에서 더욱 경이로운 업적이다.

한국 단독으로 공산 침략을 방어하지 못하고 미국과 유엔의 지원으로 나라를 방어하고 있던 절대적으로 불리한 입장이었다. 그러한 열세 속에서도 당장의 국가 수호만이 아니라 나라의 먼 장래 안전까지 마련하는 장치를 구상했고 또 그것을 미국이라는 최강국을 상대로 얻어 낸 결과이기 때문이다.

1960년대 연이은 간첩 침투와 납치, 대통령 암살 시도, 1970년대 대통령 암살 시도, 연이은 테러, 남베트남이 패망하고 베트남이 공산화되었을 때는 김성주는 중국 모택동에게 남한 공격 의지를 직접 드러냈는데 동의를 얻지 못했다.

1980년대 대통령 암살 시도 및 비행기 폭파 테러, 1990년대 수백만 아사자와 경제 붕괴로 고사 직전의 시한부 생명이었는데, 2000년대 햇볕정책으로 목숨을 다시 부지하더니, 2010년대 이래 핵 개발로 다시 공격을 운운하고 있다.

이 모든 일련의 기간에, 한반도에서 전쟁 억지력 역할을 한 것이 상호방위조약으로 한국에 주둔하는 미군이라는 것은 미군 주둔에 대한 찬반을 막론하고 부인할 수 없는 역사적 사실이다.

(참고로, 2025년 현재, 미국이 1명 이상 미군을 파병한 나라는 165개국으로 거의 전 세계이며, 100명 이상 파병한 나라는 29개국이고 1만 명 이상은 5개 국가다. 해외 주둔 규모 순위 20위는 순서대로 일본, 독일, 한국, 이탈리아, 영국, 바레인, 스페인, 터키, 벨기에, 푸에르토리코, 쿠바, 쿠웨이트, 네덜란드, 그리스, 온두라스, 호주, 폴란드, 사우디아라비아, 포르투갈, 싱가포르다.)

당시 세계 최빈국 아시아의 후미진 작은 나라인 한국의 위상과 국력과는 어울리지 않는, 탁월한 통찰력과 지적 역량 그리고 뛰어난 국제 정세 안목을 갖추었던 이승만 대통령. 그가 아니었다면 미국과 방위조약은 실현하기 힘들었고 아예 기획조차 하지 못했을 것이다.

이런 점에서 보면 100여 년 멀리 미래의 국가 안보와 성장의 주춧돌을 준비해 놓고 떠난 이승만의 혜안과 능력으로, 지금까지 모든 한국인이 혜택을 받았고 따라서 모든 한국인은 이승만에게 빚을 지고 있다고도 말할 수 있다.

선견지명 예측들

다른 한편, 그동안 남북한 역사를 되돌아볼 때, 이승만이 사물의 본질을 꿰뚫는 통찰력과 선견지명의 예지력을 갖춘 인물이었음을 증명해 주는 그의 예측이 여럿이다. 그중 몇 가지를 들면 아래와 같다.

먼저, 미국과 상호방위조약의 효과에 대해서 한 말이다.

이승만은 "미국과의 방위조약으로 한국인은 여러 세대에 걸쳐 혜택을 받고 번영할 것"이라고 말했다.

이승만이 왜 미국에 맞서 한국군의 단독 북진이나 포로 석방의 초강수를 두면서 방위조약을 맺으려 했는지, 이 말을 통해 역으로 그의 의도를 짐작할 수 있다.

분명 분단 상태에서나마 최소한 한국의 지속적인 안보와 안정과 평화를 보장하기 위한 차선책을 마련하려는 것이었다.

그의 예측대로, 전쟁 후 75년이 지난 지금, 한국은 세계 10위에서 5

위권 이내의 비약적 성장을 이루었다. 어쩌면 이 대통령도 자신이 세운 최빈국 한국이 경제 기술 국방 문화 많은 분야에서 이 정도로 세계 강국이 되리라고는 예상하지 못했을지도 모르겠다.

또 하나는, "한국의 자유 수호가 곧 미국과 세계의 자유를 수호하는 것"이라고 한 말이다.

이승만은 그들에게 세계 공산주의와 맞서 싸우는 것은 한국을 지켜 주는 것이지만, 동시에 곧 자신들의 자유와 안전을 위해 싸우는 것이라고도 말했다.

이 말이 단지 한국을 지원하러 온 우방에 대한 의례적이거나 정치적 수사가 아니라 정확한 진단이었다는 점도 이후의 역사를 통해 증명되었다.

한창 전면전이 펼쳐지던 6·25전쟁 중에, 이승만은 "이번에 공산당 공격을 막아 내지 못하면, 다음번엔 당신들 미국인 차례가 될 것이고, 그때는 공격을 막아 내지 못할지도 모른다."라는 경고의 말을 했었다.

한국전쟁 이후에 공산주의 진영과 자유 진영의 오랜 적대적 냉전 시기가 도래했고, 2010년대 이후에는 북한마저 핵 개발에 성공하면서 실제 미국 본토까지 위협하고 나서는 상황이 펼쳐졌다.

이승만이 75년 전 한국 수호가 곧 미국과 세계 자유 진영을 수호하는 것이라고 한 이 말, 그렇지 않으면 미국도 안전하지 못할 것이라고 한 말 또한 정확하게 맞았다.

또 다른 예는, 공산주의의 실체와 전망을 밝힌 말이다.
"공산주의는 인류사에서 진정한 독재체제", "공산주의는 콜레라", "자유와 공산주의는 상극", "공산주의와 자유는 물과 기름, 절대 함께 할 수 없다."라거나, "공산주의자와 타협은 시간 벌어 주는 것"이라고 한 말들이 대표적이다.

1950년은 미국과 소련으로 대표되는 자유 진영과 공산 진영이 협상과 타협으로 세계 평화를 이룩하려고 애쓰던 시기다.

반면에 이승만은 공산주의자와 타협은 불가능하므로 그들과 일체의 타협과 양보를 단호하게 반대하고 공산국가를 강하게 비난했다. 그 결과 이승만은 당시 세계로부터 극우라고 매도당했으나, 누가 옳았는지는 이미 오래전 역사적으로 판명되었다.

다른 하나는, 분단이 한국에 미칠 영향에 관해 그가 한 말이다.
계속 반복하면, 그의 전쟁 목표는 오로지 통일이었고 따라서 끝까지 정전 협정서에 서명하지 않으면서까지 휴전을 반대했다.

그가 시종일관 강력하게 휴전을 반대한 이유는, '휴전은 공산집단의 더 큰 침략과 내란을 위한 시작'이라고 보았기 때문이다. 따라서 '공산 체제가 북쪽에 있는 한, 한국은 영원히 불안과 불안정한 상태가 지속되어 민족 비극이 끊이지 않을 것'이라고 확신했기 때문이다.

즉, 장래 한국인의 영원한 평화와 안전을 마련하기 위해서였다.

전쟁으로 폐허가 된 상태에서 경제 재건도 물론 중요하지만, 이승만은 국가 안보를 보장하는 장치 외에 어떤 것도 부차적이라고 판단했다. 이것이 그가 끝까지 한반도를 영구 분단시키려는 소련과 유엔의 결정을 막아 보려고 애쓴 이유다.

실제로, 전쟁 이후 지금까지 한국인은 온전하게 평화와 안정의 시기를 지내본 적이 없는 분단국가에서 살고 있다.

정확하게 이승만이 예측한 대로다.

그동안 수없이 진행된 한국 대통령들에 대한 수차의 암살 시도, 수차의 대규모 간첩단 침투, 여객기 폭파 등 수차의 테러, 수차의 함정과 영토 공격, 끊임없는 간첩 파견 공작, 국내 정치 간섭, 한국인 납치, 한국 군인 민간인 살해, 국내 정치인 포섭, 주체사상 신봉자 양성 등 북한의 집요하고 끈질긴 잔인함과 폭력성과 공격성은 정신병적이고 사이코패스적이다.

한국 역사를 돌이켜보면, 지구상 모든 나라는 아니더라도 적어도 대다수 문명국가 국민이라면 의당 누리고 있는 평화를 한국인은 건국 이래 한 순간도 온전히 누려 본 적이 없다.

그리고 그 원인은 이승만이 수백 번도 더 강조했듯이, 분단 즉 '우리의 머리 위에 도사리고 있는 공산 세력' 때문이다.

그럼에도 다수의 한국 국민의 성실한 노력 덕택에 경제와 민주주의 발전을 이루어 낸 것은 기적과도 같은 혜택이나, 그렇다고 75년 전 한국을 침략한 국가 하나라도 사라졌거나 아니면 그들이 침략 야욕을 접은 적은 단 한 번도 없는 것 또한 지금의 비극적 현실이다.

그 결과, 한국은 한편으로 눈부시게 발전했지만, 다른 한편으론 이승만이 예견한 대로 지금도 불안과 불안정을 떠안고 살아가는, 여전히 75년 전 전쟁과 침략의 공포에서 벗어나지 못하고 갇혀있다.

마지막으로, 이승만이 휴전의 영향에 대해 한 예측도 적중했다.

그는 "휴전은 공산당이 더 많은 침략과 내전을 준비하는 시작이 될 것"이라고 말했다.

북한은 지금까지 간신히 생명줄을 연명하면서도, 한국의 내전과 내부 쿠데타와 내부 반란을 통한 한국 국가 전복 공작을 쉼 없이 시도해 왔고, 그 결과 수백 배의 경제력과 국력 차이에도 불구하고 북한은 한국을 오래전부터 조종하고 농락하고 능멸해 왔다.

휴전 협정이 서명된 뒤, 이승만은 자신의 예상이 틀리길 간절히 바랐지만, 불행하게도 그 예측도 정확하게 맞았다.

현재 한국이 이룩한 빛나는 성과들은, 그것이 아무리 오랜 시간 많은 국민의 피와 땀으로 이룬 화려한 결실이라고 하더라도, 나라 존속의 근간인 안보가 무너지고 체제가 붕괴하면 한순간에 무너지거나 혹은 빼앗기는 것들이다.

따라서 2025년 지금, 앞으로도 주한 미군이 여전히 북한의 침략을 막아 내고 전쟁 억지력 역할을 하는지는 심각하게 생각해 볼 문제다.

북한은 간첩 침투와 테러와 암살 등 무력 침략에 병행하여, 이미 오래전부터 다른 한편에선 80년간 집요하고 끈질기게 한국 내부의 非무력 방법으로 공산화 공작을 진행해 왔다.

따라서 어떤 면에서 지금이 1950년보다 더 위험하다고 하는 일각의 진단은 적확하다. 예전처럼 외부의 무력 침략이 아니라 사회 제 분야에 침투한 국내 공산주의자들에 의해 합법이라는 탈을 쓰고 법을 붕괴시키며, 다양한 형태의 非무력의 방법으로 내부에서 반란과 체제 전복을 시도하기 때문이다.

'좌익 소아병'(레닌의 표현)에 걸린 공산주의자들의 케케묵고 헛된 시대착오적이고 오만방자한 경거망동으로 인해, 상호방위조약의 전쟁 억지력도 다른 방법으로 우회하여 공격하는 내·외부의 적 앞에서는 어쩌면 무효화 될 수 있는 현실임을 냉정하게 직시해야 할 시대다.

당당한 화법

이승만은 전쟁으로 위기에 처한 나라를 지켰고, 제네바 정치회담에서 우방국들의 한국 해체 요구를 거부하고 한국을 지켜 냈고, 전쟁 후에는 미국과 상호방위조약 체결로 수십 년 미래의 한국 안보까지 지켜 냈다.

이승만이 현재와 미래의 나라를 지켜 낸 이러한 불멸의 업적과 별개로, 이 일련의 과정에서 또 주목할 만한 것이 있는데 바로 그의 당당했고 떳떳했던 말과 태도다.

비록 한국은 국가 안위를 절대적으로 남에게 의지하여 연명하던 초라한 나라였지만, 국제 정세에 대한 식견과 지적 역량이 뛰어났던 이 대통령은 절체절명의 전쟁 순간에도 미국과 유엔의 정책에 언제나 그대로 순종하지 않았다.

유엔과 이승만의 정책상 차이가 전쟁 중 고비 고비마다 있었지만, 그때마다 그는 한국의 국익을 기준으로 불만을 표하거나 반대하거나 대립하거나 혹은 강하게 자신의 의견을 주장하고 관철하는 성과를 이루었다.

38선 북진, 한국군 무장, 북한 지역 통치, 통일, 한국군 단독 북진, 분단 반대, 한국 해체 반대 등의 사안이 대표적으로, 전쟁의 처음부터 끝까지 그리고 전쟁 이후까지 대립과 갈등이 이어졌다.

그는 북한 통치 문제로 미국 유엔과 갈등이 깊어졌을 때, 외국 앞잡이가 되어 매국노가 되지 않겠다고 말했다.

나는 배은망덕한 사람이라고 욕을 들을지언정, 어떤 국가의 앞잡이나 꼭두각시가 되어 나라를 팔아먹는 자가 되지는 않겠소.

그러나 그렇다고 하여, 이승만이 자신의 입장을 일방적이고 무조건으로 주장한 것은 아니었다.

그의 말은 대부분 합당한 논거와 명분을 들어 논리적이고 설득력이 있었고, 정곡을 찌르는 예리함이 있었고, 해박한 역사 국제 정세 식견에 근거하여 지적이었고, 또한 언제나 상대에 대한 예우를 잃지 않고 정중했던 점이 특징이다.

이승만은 미국이나 유엔에 자신의 의견을 개진할 때, 심지어 도움을 요청할 때도 항상 나름의 분명한 근거를 제시하거나 상대방이 거절할 수 없는 명분을 제시했고, 따라서 늘 당당했다.

한두 가지 예를 들면, 우선 그는 한국군에게 무기를 달라는 요청을 지속적으로 했는데, 그는 이 전쟁은 남들이 도와주러 왔으나 결국 우리의 전쟁이니, 한국군이 무장하면 우리가 유엔군보다 훨씬 더 잘 싸울 것이라는 주장을 했다.

그리고 이 주장은 전혀 근거 없는 것은 아니었다. 중무기로 무장한 유엔군이 도착하면 당장 북한군을 밀고 올라갈 것이라고 기대했으나, 막상 도착하고 보니 특히 초기에는 형편없는 무기로 방어한 한국보다도 되레 더 싸우지 못하고 후퇴하는 경우가 곳곳에서 발생했다.

전쟁 발발 직후 2, 3일 동안, 38선 몇 곳(서해 옹진반도의 수도사단(백인엽) 개성의 1사단(백선엽), 의정부의 7사단(채병덕), 춘천의 6사단(정일권) 등)에서 북한군을 막아 낸 한국군의 전투는 후에 유엔군의 무장과 비교하면 선전한 것이었다.

비록 허망하고 헛된 비극이었지만, 한국 병사들은 허리에 포탄을 두르고 소련제 탱크로 몸을 던져 가면서 싸웠고, 미군들은 종종 자신들의 탱크를 버리고 후퇴했다.

또한, 이승만은 한국을 지키는 것이 곧 세계의 자유와 평화를 지키는 것이기 때문에 유엔이 파병했다는 논리를 항상 폈는데, 따라서 그는 늘 유엔군에게 감사 인사를 잊지 않으면서도, 한국에 와 싸우는 유엔군들은 곧 자신들 국가의 자유와 안전을 위해 전쟁하는 것이라는 말도 꼭 빼놓지 않았다.

그리고 이것은 미국도 유엔도 군사를 파병하면서 내세운 명분이었기 때문에 반박할 수 없었다.

그런데, 이승만이 직설적이면서도 논리적이고 정중하면서도 분명하게 미국과 유엔에 주장을 피력하면서 기어이 현재와 미래의 한국 안보를 지켜 내는 위대한 성과를 이루었으나, 정작 그가 이루고자 했던 제일의 목표인 한반도 통일은 달성하지 못했다.

이승만의 꿈

이승만이 목숨을 걸고 필사적으로 이루려고 한 그의 꿈은 75년이 지난 지금도 여전히 실현되지 않고 있다.

그동안 한국 사회는 천지개벽의 수준으로 물질 기술 문화 모든 면에서 발전하여 풍요와 번영과 자유를 구가했다. 하지만 여전히 75년 전과 한 치도 변하지 않고 그대로인 것도 있으니 바로 분단 현실과 38선 위에 있는 북한과 압록강 건너 중국이다.

이승만이 통일을 꿈꾼 것은, 그의 말과 전 생애를 통해 유추하면, 단지 그가 무조건적인 민족 이상주의자이거나 감상주의자거나 북한 동포에 대한 일차원적인 휴머니즘의 발로 때문만은 아니었다.

그는 '분단선이 있는 한 한국은 불안과 불안정한 상태가 지속'되고 따라서 '자유 민주의 통일을 해야만 민족 비극을 막을 수 있다고 확신'했다.

분단으로 인해 한국이 장차 겪을 정신적 물질적 모든 폐해가 막대할 것으로 확신했기 때문에, 즉 현실적이고 객관적인 진단을 통해서

도출한 대안으로서 통일을 주장한 것이다.

따라서, 그는 김성주 침략으로 기왕 38선이 의미 없어진 기회를 이용하여, 북한 동포를 해방하고 통일을 이루려고, 유엔군에게 양도했던 한국군의 작전권을 되돌려 단독 북진도 강행하면서까지 이루고자 했으나 실행하지 못했다.

한편, 김성주는 전면 남침한 직후인 6월 27일, 라디오를 통해 전쟁 발표를 했다.

친애하는 형제자매여!

큰 위험이 우리 조국과 인민을 위협하고 있다.

이런 위협을 타파하려면 무엇이 필요한가?

이승만 일파에 대항하여 수행 중인 이번 전쟁에서 조선 인민은 조선 민주주의 인민공화국과 그 헌법을 수호해야 하며, 공화국 남반부에 수립된 비애국적인 이승만 파쇼 괴뢰 정권을 없애 버려야 하며, 우리 조국의 남반부를 해방시켜야 한다.

우리가 강제로 수행하게 된 이 전쟁은, 조국 통일과 독립 자유와 민주주의를 위한 정의의 전쟁이다.

김성주는 몇 년간의 치밀한 준비 끝에 전면 남침을 했으면서도, 남한이 먼저 공격을 '유발'했다는 둥 '자극'했다는 둥 전쟁 책임을 교묘하게 남한으로 돌리는 발표를 했다.

당시 6월 27일, 서울의 유엔 한국위원단은 남한이 공격을 '유발'했다는 김일성의 말이 '증거가 없다'고 유엔에 보고서를 보냈고, '북한의 침공은 비밀리에 준비되고 시작된 계획적이고 총체적인 공격'이라고 평가했다.

그런데 '비밀리에 준비된 계획적인 공격'이라는 유엔 위원단들의 즉각 공식 보고가 있었고, 또 전쟁 발발 즉시 한국이 38선 전역에서 공격을 당해 후퇴했던 분명한 사실에도 불구하고, 한국이 '자극'했다는 둥 '유발'했다는 둥 심지어 '북침'했다는 둥 하는 김일성의 거짓 선전은 1990년대 스탈린의 비밀문서가 해제되기 전까지 수십 년간 일각에서 통용되었다.

김성주의 선동이 한국 제반 분야를 잠식한 한 예다.

그런데 더욱 주목해야 할 점은, 김성주가 80년 전에 읊어댄 말과 정확히 일치하는 단어와 주장을 지금도 한국에서 똑같이 사용하는 사람들이 있다는 사실이다. 대표적으로, 위의 '자극'이니 '유발'이니 미국 '괴뢰'니 또 '해방'이니 '정의'의 전쟁이니 하는 용어나 또 이미 건국 직후부터 한국을 향해 떠든 '미군 철수', '국가보안법 철폐', '연방제'와 같은 말들이 그러하다.

전쟁이 끝나고 천지가 개벽할 만큼의 시간이 한국을 통과해 온 것에 아랑곳없이, 낡아빠진 고장 난 녹음기처럼 80년 전 단어를 지금도 무한 반복 사용하고 있는 북한이나 그러한 말들을 더 광적으로 똑같이 읊어 대는 사람들이 지금 시대 한국에 존재한다는 사실은, 이승만의 예상대로 그동안 공산주의가 더 확장되었고 더 큰 내란과 침략이 조용하게 진행되어 온 것을 입증하는 일례다.

80년, 100년도 더 전에 스탈린과 소련 위성국가 북한 김성주가 왜곡 조작하여 선동한 말을 지금도 맹신하는 사람들은, 공산주의 이념이 실패로 끝난 지 오래되었다는 역사적 객관적 사실을 인정하지 않는 망상 병자나 다름없다.

인류 보편의 가치인 자유, 민주, 인권은 물론 경제적 물질적 번영과 문명과 문화 발전의 모든 면에서 사회주의 체제는 자유 진영과 비교할 수 없을 정도로 퇴보적이다. 그 이유는 여럿이겠으나 뭐니 뭐니해도 근본 원인은 사적 소유를 필두로 하는 인간의 본성인 자유를 억압하기 때문이다.

한 중국군 포로는, '이사 갈 자유'마저 없어졌다고 말하며, 중국으로 돌아가지 않고 자유중국으로 가길 원했다. 중국에서 개인이 자유롭게 거주지를 이동할 수 있게 된 것은 모택동 사후 1980년대부터다.

또 서울의 거지들은, 공산당 통치하에서는 '거지도 자유가 없다'면서 서울의 큰 집 대신에 부산의 다리 밑을 선택했다.

1945년 스탈린이 북한을 소련 위성국가로 세울 때부터 남한으로 온 수십만의 월남민, 국군이 북한에서 후퇴할 때 따라온 수백만의 전쟁 피난민, 고국으로 돌아가지 않고 한국에 남은 수만 명의 공산군 포로들, 그리고 현재도 목숨을 걸고 북한 땅에서 탈출하는 탈북자 행렬 등.

공산당 치하에서 살아본 사람들은 처음부터 지금까지 80년간 중단하지 않고 북한을 도망치고 있다.

수백만 명의 이들이 바로 소련 위성국가 북한이 처음에도 나빴고 중간에도 나빴고 현재도 나쁘며 단언컨대 미래에도 나쁜 체제라는 것을 가장 분명하고 확실하게 증명하는 역사의 증인들이다.

이승만은 "공산주의는 역사상 정치체제 중에 진정한 최고의 독재 형태"라고 말했다.

이 말은 이젠 역사적으로나 경험적으로 그리고 이론적으로도 증명되었다. [마르크스 주장의 두 가지 핵심은 무력 쿠데타와 프롤레타리아 독재다. 사회주의 국가를 수립하는 수단으로 폭력 쿠데타(혁명)를 주창했고, 수립한 정부의 영속을 위해 공산당 일당 독재를 주창했다.]

마르크스의 주창대로 1917년 러시아의 무력 전복으로 시작된 공산주의 국가는 애당초 인류사에서 태어나지 않았으면 좋았을 최악의 진정한 독재 전체주의 국가다. 그런데 이승만은 세계가 미처 공산주의 본질을 알아차리지 못한 당시에, 아직 공산주의 이념이 실패로 판명되기 전에 선구적으로 간파했다.

이승만의 예견대로 공산 체제 북한은 지구상 사회주의 국가 중에서도, 아마 가장 못살고 가장 폐쇄적이고 가장 어둡고 가장 잔인하고 가장 反인권적이며 그럼에도 가장 초라하고 가장 우스운 나라가 되었다. 하지만 한국이 빼어난 발전에도 불구하고 경계하고 또 경계해야 하는 이유는, 그들은 해방 이후 지금까지 한순간도 포기하지 않고 줄기차고 집요하게 한국의 전복과 반란을 기도하고 공작을 해 오기 때문이다.

이승만은 휴전을 반대하면서 "전쟁은 연기되는 것이지 피할 수가 없다."라는 말을 했다.

당시 공산 측의 휴전 제안을 서둘러 수락한 미국과 유엔 지도자들에게 보내는 경종의 말이었다.

> "우리가 시간을 오래 끌면 끌수록 일은 점점 더 어려워질 것이오. 소
> 련의 냉전은 항상 승리하는 전쟁이오.
> 그들은 사람들이 내부에서 저희끼리 싸우도록 뒤흔들어 놓으려고, 공
> 산 분자들에게 자금과 무기 그리고 선전 자료 등을 제공할 것이오.
> 그 뒤에, 공산주의자들은 공산당 전향자들을 테러단, 암살단, 약탈자
> 로 만들어 인간을 죽이고 불 지르며 사회를 아수라장으로 만들 것이
> 오. 약탈을 계속하는 한 이들은 충분히 자급자족하게 될 것이오.

이들은 남을 못살게 굴기 위해선 무슨 짓이라도 할 것이오. 그렇게 하여 공산 분자들은 스스로 힘을 키우고, 더 넓게 확장하고 더 깊게 파고들고 있소.

약탈을 자행할수록 자금이 더 생길 것이고, 이 자금으로 그들은 살인과 방화를 자행하고 있소."

"시간을 끌수록 공산주의에 유리하다."라는 이승만의 말은, 얼핏 남북한의 겉모습만 보아선 틀린 예측인 듯 하나, 또 어느 면에선 한 치도 틀리지 않게 흘러왔다.

오랜 기간 북한의 한국에 대한 중단없는 다양한 형태의 침략으로 인하여, 화려한 발전을 누리는 이면에는 국가 안보가 송두리째 위협당하는 극도로 위태로운 내전 형국으로 기반이 흔들리고 있기 때문이다.

흔히 사람들이 예상했던 대로 시간이 지날수록 좌익 공산주의는 자멸하기는커녕, 반대로 이승만이 말한 대로 우리를 아수라의 혼란 상태로 만들며 깊숙하게 스며 들어오고 있다.

고루하고 부패하고 썩은 정신병적 이념이 장기간에 걸쳐 서서히 부지불식간에 사회 구석구석을 파고든 때문이다.

이승만이 왜 제거와 암살 위협을 당하는 극단의 갈등 국면으로 치달으면서까지 마지막 순간까지 통일을 포기하지 않았는지, 그리하여 정전 협정서 서명을 단호하게 거부했는지, 국가의 먼 앞날을 예측하고 대비하려고 한 선견지명과 애국심에 경탄하기에는, 솔직하게 말하여 민주주의 최후의 보루인 법치가 이미 너무 많이 붕괴되고 한국인의 도덕성이 너무 많이 무너진 감도 있다.

그러나 여하한 상황이라도, 이승만 대통령이 피나는 결사 항전으로도 이루지 못한, 이제는 너무 지체되고 너무 오래된 과제가 되어 버렸지만 그럼에도 그의 꿈인 자유 민주사회로의 통일은, 지금을 살아가는 한국인의 몫이다.

어둡고 음습하고 음산하게 스며드는 분단의 각종 폐해를 미래 후손들에게 유산으로 물려주지 않도록, 이승만의 혜택을 받은 후손인 지금의 한국인이 해결해야 할 과제다.

이승만이 세웠고 이승만이 지켜 낸 자유 한국, 그가 성공시킨 미국과 상호방위조약 그리고 그가 이루지 못한 꿈인 통일.

1919년 대한민국 임시정부 초대 대통령이었고, 1948년 대한민국 건국 대통령이었으며, 전쟁에서 결사 항전으로 나라를 지켜 낸 이승만.

그가 아마 지금 하늘에서도 바라는 제일의 목표가 있다면 지금도 여전히 통일, '한반도에서 어느 한 곳도 분단선이 없도록' 만들어, 남북한 한국인 전체의 자유와 권리와 행복을 맘껏 신장시키는 것이 아닐까 예상한다.

그리고 그 과제는 이젠 오롯이 지금 한국인 어깨 위에 놓여 있다.

각종 부작용과 소모전과 희생과 비극으로 점철되는 분단의 폐해를 없애고, 자유롭고 열린 하나의 자주독립 국가를 건설하려던 이승만의 꿈을, 75년 전 그가 이루지 못한 자유의 온전한 승리를 위해서, 이승만의 항복하지 않는 자유인의 결기와 투쟁력을 물려받은 '자유의 전사'가 되어, 그의 말을 길잡이로 삼아 끝까지 따라 걸어가야 할 시대다.

1965년, 이승만 대통령 장례 행렬에 모인 인파

원자료 출처

- 대한민국 공보처, 『대통령 이승만 박사 담화집 1』, 1953.
- 로버트 올리버, 『이승만: 신화에 가린 인물』, 건국대 출판부, 2002.
- 로버트 올리버, 『이승만 없었다면 대한민국 없다』, 동서 문화사, 2024.
- 프란체스카 도너 리, 『난중일기: 6·25와 이승만』, 기파랑, 2024.
- 행정안전부 대통령 기록관. https://www.pa.go.kr

사진 출처

- 대통령 기록관: https://www.pa.go.kr
- 이승만 기념관: https://이승만기념관.com
- 월드피스 프리덤 유나이티드 편집부, 『사진으로 보는 6·25한국전쟁』, 월드피스자유연합, 2024.

참고문헌

- 김용삼,『이승만의 네이션 빌딩』, 북앤피플, 2015
- 로버트 올리버,『이승만: 신화에 가린 인물』, 건국대 출판부, 2002.
- 로버트 올리버,『이승만 없었다면 대한민국 없다』, 동서 문화사, 2024.
- 마거릿 히긴스,『자유를 위한 희생: 한국전쟁』, 코러스, 2012,
- 복거일,『청동에 새길 이름 이승만』, 백년 동안, 2024.
- 월드피스 프리덤 유나이티드 편집부,『사진으로 보는 6·25 한국전쟁』, 월드피스자유연합, 2024.
- 유광종,『백선엽을 말한다: 6·25전쟁의 파워 리더』, 책밭, 2011.
- 프란체스카 도너 리,『난중일기: 6·25와 이승만』, 기파랑, 2024.